东北地区种植结构调整机制及农业政策研究

◎ 张 晶 著

中国农业科学技术出版社

图书在版编目(CIP)数据

东北地区种植结构调整机制及农业政策研究/ 张晶著. -- 北京：中国农业科学技术出版社，2022.11
 ISBN 978-7-5116-6021-3

Ⅰ.①东… Ⅱ.①张… Ⅲ.①种植业结构-结构调整-研究-东北地区②种植业-农业政策-研究-东北地区 Ⅳ.①F326.1

中国版本图书馆 CIP 数据核字（2022）第 215402 号

责任编辑	史咏竹
责任校对	李向荣　贾若妍
责任印制	姜义伟　王思文
出 版 者	中国农业科学技术出版社
	北京市中关村南大街 12 号　邮编：100081
电　　话	（010）82105169（编辑室）　（010）82109702（发行部）
	（010）82109709（读者服务部）
网　　址	https://castp.caas.cn
经 销 者	各地新华书店
印 刷 者	北京建宏印刷有限公司
开　　本	148 mm×210 mm　1/32
印　　张	3.875
字　　数	85 千字
版　　次	2022 年 11 月第 1 版　2022 年 11 月第 1 次印刷
定　　价	29.00 元

━━◀ 版权所有・翻印必究 ▶━━

前　言

保障粮食等重要农产品有效供给，是保持经济发展、社会稳定和国家安全的重要基础。当前，百年变局和世纪疫情交织，全球化逆流和大国博弈愈演愈烈，全球产业链、供应链加快重构，粮食等重要农产品稳产保供比以往更重要，形势也更严峻。东北地区是我国重要的商品粮生产基地，对保障粮食等重要农产品有效供给和国家粮食安全发挥着举足轻重的作用，可以说，东北地区粮食供给是我国粮食安全的"压舱石"。值得注意的是，自 2015 年以来，东北地区持续出现旱地改种水田（"旱改水"）的种植结构调整现象，目前已经颇具规模且造成极大的经济社会影响，加剧了大豆、玉米、稻谷产需不平衡，制约了耕地资源的合理开发利用，对耕地和地下水资源也产生一定的破坏。那么，这种种植结构调整是怎么产生的？关键的驱动因素有哪些？特别是东北地区不同农产品实行的农业支持政策是否产生了一定的影响？这些影响因素共同作用形成了怎样的作用机制？还会推动农户继续大规模"旱改水"吗？"旱改水"对资源环境产生负面影响的观点已被学术界广泛证实，那么"旱改水"是否促进农民增收，能否对粮食生产能力产生影响？只有弄清这些问题，才能对巩固东北地区粮食安全

"压舱石"地位提出行之有效的政策举措，筑牢国家粮食安全的根基。

针对上述问题，本研究对2016—2018年黑龙江、吉林、辽宁三省微观层面的农户调查数据进行了全面的分析论证。首先，通过宏观层面的研究，全面研判我国粮食安全总体形势和面临的突出风险挑战，并梳理了国内外农业支持政策的演变过程，总结我国农业支持政策存在的不足。其次，基于OLS回归模型和Probit模型论证了我国东北地区"旱改水"的影响因素，并基于农户行为理论，结合实地调研数据，进一步构建农户"旱改水"外部政策和自身资源禀赋双重驱动因素的作用机制，深化对"旱改水"形成机制的认识。随后，采用双重差分（DID）模型分析了政策因素，主要是大豆、玉米生产者补贴政策对农户收益的增长效应和对资源环境的影响。最后，在"旱改水"驱动因素作用机理的框架下，通过Logsitc模型进一步研判了东北地区持续进行大规模"旱改水"的关键因素和可能性。本研究得出如下结论。

第一，我国粮食等重要农产品供给总体有保障，但是呈现出紧平衡的态势。其中，口粮供给充足、玉米产需偏紧、大豆和油料自给率明显偏低。粮食等重要农产品供给面临产能基础不稳固、满足居民消费需求压力较大和国际市场风险加剧等风险挑战。

第二，美国、欧盟和日本等发达国家与地区农业支持政策经过多年的调整完善，已经形成以保障农民收入为核心的安全网体系，并且更加注重推动农业可持续发展、维持本国农产品竞争和乡村发展。相比之下，我国农业生产支持政策在补贴强度、精准度、有效性方面仍显不足，农业保险还存在保额设定不科学、费率厘定不精准、承保理赔不规范、不适应农业产业转型需求、创新性保险产品仍然缺乏、农业保险补贴效能未能较好发挥等问题。

第三，从微观层面分析看，东北地区"旱改水"具有五个特点，一是具有自发性，投入成本较高；二是面积大、持续时间长；三是与粮食生产政策的调整吻合程度高；四是与种粮收益变化相关；五是会对资源环境，以及粮食综合生产能力提升带来隐患。

第四，农户"旱改水"主要受到外部政策因素和自身资源禀赋双重驱动的影响。一方面，大豆玉米补贴的减少对农户改种水田有显著正向影响，水稻补贴上升有利于改种，农田基础设施改善和示范培训对农户"旱改水"也有积极影响。另一方面，从资源禀赋看，农户种粮收益是影响"旱改水"的关键因素。当农业经营收入作为家庭主要来源，或者收入水平较低时，进行种植结构调整概率更高。加入合作社在一定程度上促进了种植行为调整，而曾经担任村干部对"旱改水"有负向显著作用。此外，家庭劳动力人数也会影响农民"旱改水"的决策，劳动力多的家庭更容易发生改种。

第五，受大豆、玉米生产者补贴政策影响，农户"旱改水"后种粮收益显著增加。要调整种植结构，实现稳定玉米和扩种大豆油料的目标，关键是要让农民种粮有钱赚。"旱改水"后，单位面积用肥量增加，表明"旱改水"对耕地资源产生了一定程度的破坏。要突出抓好耕地这个命根子，加强中低产田改造，推动水利和灌溉设施配套，提高种植旱田的产量，方可遏制盲目改种的趋势。

第六，农户是否继续进行"旱改水"与其对农业支持政策的预期、对耕地质量造成影响的认知、种粮收益、家庭耕地的数量、加入合作社和邻里乡亲的社会网络关系等因素息息相关。从政策因素看，对最低收购价水平预期较高改种意愿更强，对耕地质量造成负面影响的认知促使改种意愿下降。从农户自身的资本禀赋看，种粮收益增加有利于"旱改水"，耕地资源较为丰富不会选择继续扩种水稻，但是旱田质量较好更加倾向于改种水稻以获得更高收益。加入合作社和邻里乡亲的社会网络关系促进了农户改种水稻。此外，党员农户继续"旱改水"的意愿较小。总之，通过对影响因素的分析判断，得出东北地区继续"旱改水"趋势将减弱的结论。

基于以上研究结论，提出改革完善农业生产支持政策的三点建议：其一，价格支持稳定预期。调整完善最低收购价政策，明确保障农民收益的目标，短期内可适当提高最低收购价水平，稳定种粮收益预期，中长期要逐步回归兜底线的政策定位，并要辅之完善收储制度等其他配套政策。其二，收入补贴保住成本。优化大豆玉米生产者补贴、稻谷补贴，坚持市场化改革方向，适当增加补贴标准，提高补贴精准性，研究建立针对农业生产资料价格过快上涨的动态补贴机制。其三，保险扩面降低风险。逐步实现稻谷、小麦、玉米三大主粮完全成本保险和种粮收入保险产粮大县全覆盖，研究将大豆纳入保险范围。给出确保国家粮食安全的六条重要举措：一是建立粮食安全党政同责制度；二是强化粮食等重要农产品生产扶持；三是加强耕地保护和建设；四是强化粮食生产科技支撑；五是大力推进服务社会化；六是提升农业机械化水平。

目 录

第一章 导 论 … 1
一、研究背景和意义 … 1
二、研究目标和内容 … 4
三、研究方法和技术路线 … 6
四、研究创新和不足之处 … 7

第二章 概念界定、理论基础和文献综述 … 10
一、"旱改水"的概念界定 … 10
二、农户"旱改水"的驱动因素研究 … 11
三、东北地区"旱改水"的研究 … 15
四、研究评述 … 18

第三章 中国粮食安全形势和风险分析 … 20
一、中国粮食等重要农产品产需形势 … 20
二、粮食生产面临的风险挑战 … 23

第四章 国内外农业支持政策的演变 … 26
一、主要发达国家农业支持政策研究 … 26
二、中国农业生产支持政策演进 … 31

第五章　东北地区"旱改水"基本特征 ······ 39
　　一、"旱改水"具有自发性，投入成本较高 ······ 39
　　二、"旱改水"面积大、持续时间长 ······ 40
　　三、"旱改水"给资源环境及粮食综合生产能力提升
　　　　带来隐患 ······ 41
　　四、"旱改水"与粮食生产政策调整吻合程度高 ······ 42
　　五、"旱改水"与种粮收益变化相关 ······ 44

第六章　东北地区农户"旱改水"机理分析 ······ 45
　　一、"旱改水"影响因素的理论分析 ······ 45
　　二、数据、指标说明及模型设定 ······ 48
　　三、农户"旱改水"影响因素分析 ······ 55
　　四、稳健性检验 ······ 59
　　五、研究结论 ······ 61

第七章　东北地区"旱改水"影响分析 ······ 63
　　一、模型、变量和数据 ······ 63
　　二、"旱改水"对种粮收益的影响 ······ 66
　　三、"旱改水"对资源环境的影响 ······ 71
　　四、研究结论 ······ 77

第八章　东北地区农户持续"旱改水"机理分析 ······ 78
　　一、持续"旱改水"影响因素的理论分析 ······ 79
　　二、模型构建和指标说明 ······ 80
　　三、持续"旱改水"影响因素分析 ······ 83

四、研究结论 …………………………………………… 88
第九章　主要结论和政策建议 ………………………… 91
　一、主要结论 …………………………………………… 92
　二、完善农业支持政策的总体思考 …………………… 94
　三、确保国家粮食安全的重点措施 …………………… 98
参考文献 ………………………………………………… 102

第一章 导 论

一、研究背景和意义

保障粮食等重要农产品有效供给，始终是"三农"工作的头等大事。以习近平同志为核心的党中央对粮食安全和重要农产品有效供给高度重视，不断加强生产指导，强化形势研判，研究促进粮食生产稳定发展的政策措施，确保了粮食生产稳定发展，重要农产品供给充裕，在保持经济社会大局和有效应对新冠肺炎疫情中发挥了重要作用。当前，我国粮食等重要农产品供给总体有保障，但结构性矛盾突出，玉米产需形势偏紧，大豆产需缺口较大。着眼国家粮食安全，稳定玉米生产，保持大豆、食用植物油等品种一定的自给率，避免受制于人，非常有必要。

东北地区是我国重要的商品粮生产基地，以水稻、玉米、大豆生产为主，粮食产量占全国的1/4，粮食商品量占全国的近1/3，对保障国家粮食安全和重要农产品有效供给有举足轻重的作用。为提升粮食综合生产能力，国家着力构建粮食等重要农产品保护机制，加大对东北地区农业支持力度，完善最低收购价制度，优化良种收入补贴政策，调整完善大豆、玉米生产者补贴政策，持续优化补贴结构，政策效力不断释放。近年来，东北地区粮食生产连年丰收，土地产出率、资源利用率和劳动生产率大幅提高。2021年，黑龙江、吉林、辽宁三省粮食总产量达到14 445.6万吨，同比增加了760多万吨，水稻种植面积超过6 600万亩①，占全国水稻种植面积的20%以上②，国家粮食安全"压舱石"地位更加稳固。

东北地区水稻、玉米、大豆执行不同的农业支持政策。随着政策不断演进发展，三种作物种植收益的差异被放大，且政策间联动不协调加剧，导致东北地区大豆、稻谷和玉米供给存在"跷跷板"。具体表现：①粳稻库存高，但优质粳稻占比不高。目前粳稻库存量超过全国一年的产量，其中黑龙江省粳稻占总库存的70%以上，造成较大的财政负担。②玉米在相当长一段时间产不足需。玉米产需存在较大缺口、进口增长较快、对外依存度不断提高。2021年玉米进口2 835万吨，相当于玉米产量的10.4%，比2020年高出6.1个百分点，而2021年玉米播种面积进一步下降。③大豆产需缺口持续扩大。大豆种植效益偏低、单产不高，消费增速远远超过生产增速，进口规模不断扩大。从黑龙江省情况看，大豆亩均净收益比玉米低300多元，农户种植积极性一直不高，面临减产风险。由于玉米、大豆、水稻同属秋粮作物，粮豆争地矛盾突出，收益较好的水稻通常

---

① 1亩≈667米²，全书同。
② 数据来源：国家统计局。

第一章　导　论

是农户种粮的第一选择，尤其是 2015—2018 年，稻谷最低收购价相对稳定，玉米、大豆补贴政策不断调整变化，导致东北地区"旱改水"种植结构调整的倾向明显。2018 年黑龙江省双鸭山市宝清县增加水稻面积 3 万亩，增幅 9%；辽宁省铁岭市改种水稻 5 万亩，增幅达 8%。

"旱改水"增加了粳稻的产量，但由于盲目改种、不注重品种和品质，使得中低端粳稻库存进一步增加，去库存压力很大。而更为重要的是，深入实施重要农产品保障战略，坚持保数量、保多样、保质量并重，特别是调结构优质量，要求既要保障粮食供给充足，还要实打实地调整结构，要扩大大豆和油料生产，稳定玉米产能，这是综合考虑国内国际形势提出的战略举措。由于缺乏对资源禀赋条件和不同品种农产品重要性的统筹考虑，"旱改水"给东北地区落实扩种大豆油料的决策带来不小挑战，对优化玉米区域布局、稳定玉米的产能也产生很大影响。此外，东北地区 70% 以上水稻生产靠抽取地下水，有的则是改造湿地种植水稻，造成地下水位下降和耕地资源被破坏。黑龙江三江平原地下水超采导致地下水位降低，对本已匮乏的资源环境带来了难以弥补的损失，长期来看对保障粮食等重要农产品供给安全形成很大挑战。随着提升农业综合生产能力目标的提出，保障粮食等重要农产品供给成为了首要任务，那么东北地区粮食安全"压舱石"的地位如何筑牢，该地区"旱改水"结构调整对保障重要农产品有效供给又有多大的影响，这些都直接影响国家粮食安全战略的实施，需要我们在深入研究基础上，弄清"旱改水"究竟是怎么形成的，它的作用机制是什么，对粮食安全产生了多大的影响。解决这些问题对于保证国家粮食安全、提升粮食综合能力至关重要。

二、研究目标和内容

1. 研究目标

探究我国东北地区"旱改水"结构性问题形成的作用机理，弄清"旱改水"现象背后的驱动因素，实证分析"旱改水"对种粮收益、生态环境、粮食安全产生的影响，并评估东北地区农业支持政策的实际效果，提出保障粮食等重要农产品有效供给的思路及政策措施。

2. 研究内容

一是我国农业支持政策框架构建。考虑到"旱改水"的政策成因，对现行农业支持政策进行系统梳理，建立宏观政策基础。按照农业政策支持方向，形成我国农业支持政策框架体系，包括农业直接补贴政策、农产品价格支持政策、农业生产支持政策、生态环境保护和农业灾害保障政策等内容，重点聚焦东北地区，系统梳理东北地区农业政策演进变化情况，主要包括最低收购价政策、目标价格政策、大豆与玉米补贴政策的出台背景、实施情况、取得成效以及面临的问题。

二是"旱改水"形成机制和政策成因研究。从政府和农户行为视角分析东北地区"旱改水"形成机理，重点考虑三个大的方面：①农户资本禀赋，包括经济资本、社会资本、文化资本等；②政策机制，包括农业政策（玉米与大豆补贴政策、最低收购价政策）的执行情况、满意度、预期等；③农户个体特征，包括农户年龄、性别、家庭人口、是否为党员、外出务工等影响农户决策的因素，探索背后的政策成因。

三是"旱改水"影响评估和农业支持政策效果评价。由于"旱改水"与粮食支持政策演进有密不可分的关系，借助计量经济学"自然试验"和"双重差分模型"方法，评估东北地区大豆玉米补贴政策、最低收购价政策在农民增收、资源环境方面的实际效果，测度东北地区"旱改水"对粮食安全的综合影响。

四是东北地区持续"旱改水"的趋势研判。在农业支持政策不断调整的背景下，研判农户持续改种水田的可能性。在构建的分析框架基础上，通过 Logistic 回归模型，定量分析农户持续"旱改水"行为的决定因素和可能性。

五是提出新格局下保障我国粮食等重要农产品有效供给的总体考虑和政策措施。归纳提炼以上四个部分的研究结论，基于政府和农户联动的视角，提出完善农业支持政策的总体思路和保障粮食等重要农产品有效供给的重要措施，目标是保障口粮绝对安全，保障饲料粮（玉米）供给稳定，提升短缺品种（大豆）自给率。重点措施主要是四个方面：①建机制，构建粮食等重要农产品支持保护制度；②强基础，加强耕地建设和质量提升；③促创新，强化科技装备支撑；④稳供应，优化粮食国际供应链。

三、研究方法和技术路线

1. 研究方法

一是比较研究法。通过比较发达国家农业政策演化进程，总结发达国家农业政策的特点和优势，对比我国现阶段农业供给侧结构性改革的矛盾，归纳提炼政策优化思路。

二是 Logistic 回归模型分析法。通过 Logistic 回归模型探明农户"旱改水"的影响因素，构建政府政策演化、农户行为特征分析框架，解析"旱改水"作用机理，并在此分析框架基础上进一步研判农户持续"旱改水"的动因和趋势。

三是双重差分模型实证法。运用计量经济学"双重差分模型"估计"旱改水"相关的大豆玉米生产者补贴政策、最低收购价政策对农民收入、资源环境等产生的影响效应大小，评估"旱改水"的经济收益、粮食安全、生态效应。

四是问卷调研和典型案例研究。选取黑龙江、吉林、辽宁三省"旱改水"农户和旱地农户，对其种粮收益、粮食产量、资源环境等情况进行实地问卷调研，获取一手数据，并对国外农业政策影响下结构性矛盾的典型案例进行总结梳理。

2. 技术路线

解析东北地区"旱改水"的机理，构建保障粮食等重要农产品有效供给的措施体系，对保障国家粮食安全有重要意义。

首先，对我国农业支持政策框架进行全面的梳理，聚焦东北地区农业支持政策出台目标、实施情况、存在问题，为本研究提供宏观政策背景；其次，从政府和农户行为视角，运用 Logistic 模型探究东北地区"旱改水"结构性问题形成和作用机理，厘清其成因，形成微观机制，在此框架下进一步研判新形势下农户持续"旱改水"的趋势。再次，引入双重差分模型评估相关农业政策在种粮收益、粮食产能、资源环境上的实际效果，据此评估"旱改水"对种粮效益、粮食安全、生态环境的影响；最后，提出新格局下保障我国粮食等重要农产品有效供给的思路和政策措施。总体思路见图1。

四、研究创新和不足之处

1. 创新之处

学术创新方面，基于农户行为和政府、农户动态演化发展视角分析"旱改水"的驱动因素、作用机理，突破了从单一主体出发研究问题的局限，兼顾政府、农户的联动形成机制，既为从政策视角探索农业结构调整问题提供思路，也是对农户决策行为的新探索。

政策应用方面，聚焦国家粮食安全"压舱石"东北地区，实证评估"旱改水"对种粮收益、资源环境等影响，弄清"旱改水"对国家粮食安全的影响程度，通过量化指标为保障粮食等重要农产品有效供给提供对策措施的优化方向，为确保国家粮食安全提供思路和建议。

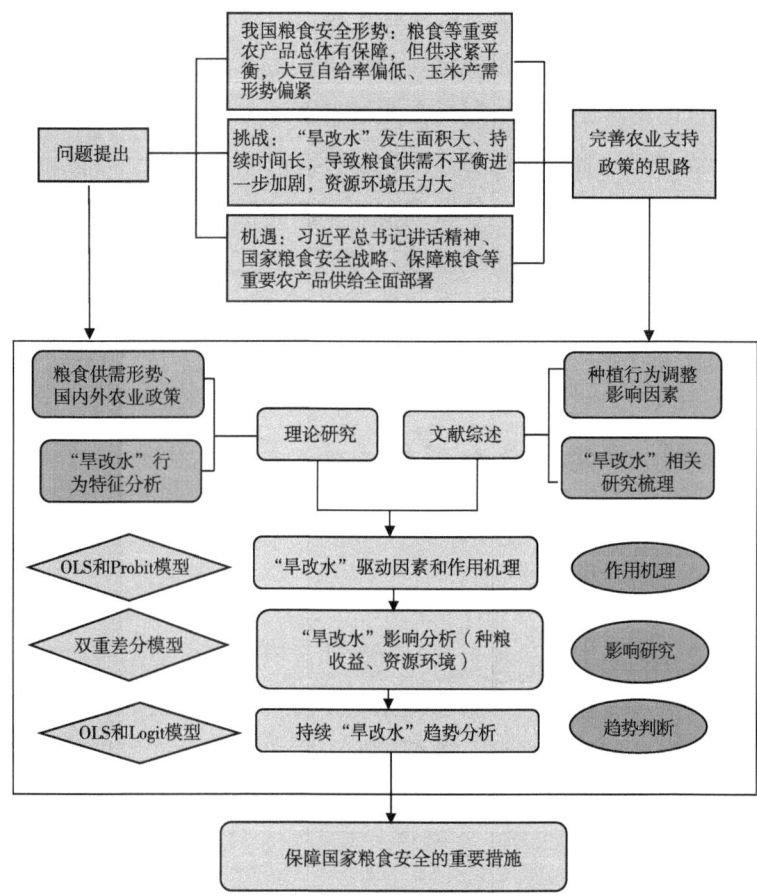

图 1 研究技术路线

2. 可能存在的不足

一是精准构建基于政府和农户行为的"旱改水"形成机制模型有难度。由于影响双方决策行为的因素较多，而且行为目标不一致，因此在模型的构建上需要较强的归纳、数理推导能力，对模型构建的精准程度可能存在一定影响。

二是准确获取"旱改水"相关真实调研数据存在一定挑战。由于"旱改水"机理研究和政策效应评估涉及农户成本收益、产量、生态环境等多方面数据，同时数据前后跨越3年时间，获取真实可靠的调研数据，需要课题成员大量细致的工作和较好的询问技巧，任何的数据误差都可能影响实验结果的准确性。

第二章 概念界定、理论基础和文献综述

一、"旱改水"的概念界定

本书主要对东北地区"旱改水"种植结构调整进行深入研究和分析。"旱改水"即旱地改造为水田,通过土地平整、修筑灌排设施等农田水利建设,并结合生物措施等,将种植旱生农作物的耕地改造为种植水稻等水生农作物的耕地(陆璐,2019),是区域农业结构性调整。东北地区推动玉米改种为水稻,是依托耕地提质改造项目,由政府牵头出资,经过严格规划和审批后实施,将低洼易涝地、盐碱地、中低产田改造成高产稳产农田。"旱改水"工程符合保护耕地资源、提升耕地质量的国家战略(万平,2015),也有利于提高稻米的品质、增加农民收入。但是随着水稻种植效益提高,东北各地普遍出现盲目"旱改水"现象,农户纷纷自发毁旱田改种水田。从调研情况看,农户自发"旱改水"已经成为主流的改种方式,相比之下,政府推动下的"旱改水"项目占比不超过20%。因此,本研究界定的"旱改水"是农户自发改种水田的行为,而且由于东北地区玉米、大豆执行轮作制度,我们通常并不特指是玉米改种

水田或者大豆改种水田，而是统称为"旱改水"，且大都是由玉米改种为水田。具体来说，第一，农户是"旱改水"的决策者和实施者，体现出"旱改水"小农户微观经济行为的特性。第二，农户"旱改水"行为受到农业支持政策的影响，体现出农户和政府的互动影响关系，但是农户种植结构调整并没有得到政府的直接资金支持，在农田水利设施方面得到的改善也比较少。同时，由于玉米收储制度改革的时间较早，东北地区的"旱改水"大都是玉米种植户比较大豆和水稻收益后做出的改种行为，所以，通常可以认为是玉米种植户改种水稻。第三，农户"旱改水"作为种植结构调整行为，同样改变了耕作制度，影响粮食生产，对当地农业生态、农村经济和社会生活都产生了深远影响（任永星等，2019）。

二、农户"旱改水"的驱动因素研究

"旱改水"是典型的区域性种植结构调整，农户作为最微观、最直接和最主要的参与者，厘清其"旱改水"行动逻辑、作用机理，对于制定有效对策，筑牢保障东北地区粮食安全"压舱石"地位，保障粮食等重要农产品有效供给具有重要的理论和实践意义。学者从农户视角对种植结构调整问题的研究早已有之，且内容丰富。经典理论认为，和资本家一样，农民的生产决策也是出于完全理性的选择，追求利润是农民维持生计、进行农业生产调整的初衷（黄宗智，1986）。除了成本利润等经济因素，农民种植行为调整还受到自身能力因素、家庭环境因素、生产习惯、宏观政策等的影响（刘莹、黄季焜，2010；周应恒，2009；曾福生，2017），概括起来可以分为两类：一是外部激励机制，二是内在驱动因素。

1. 外部激励机制研究

学者普遍认为政策因素是外部激励的主要原因，农业支持政策的补贴标准、实施效果、政策预期等机制都对农户的改种行为产生影响。①最低收购价政策与种植结构调整。粮食价格支持政策能够产生预期效应，使农民对种粮收益形成稳定预期，提升农民财富水平，增强后续生产投资能力，并改变其生产决策行为（吴银毫等，2017；廖进球和黄青青，2019）。同时，价格支持导致粮食等农产品间比价关系扭曲，农民倾向于种植价格政策支持的作物。曹慧等（2017）认为最低收购价下调降低了稻谷主产区农民收入，导致水稻种植面积减少，资源闲置，甚至耕地撂荒。彭长生等（2019）认为农户对最低收购价预期下调时，会显著提高调整种植结构的概率，显现出种植结构调整效应和质量结构调整效应。②玉米和大豆生产者补贴政策与种植结构调整。农业生产者补贴政策影响了以种粮收入作为主要收入来源的农户种植决策行为（刘克春，2010；黄季焜等，2011；朱满德和程国强，2011），其影响主要体现在农户投资行为、农户种植行为（吕新业等，2017）和农户劳动时间配置等方面，而获得的补贴额度是农户决定是否改种的关键因素（Kurkalova 等，2010）。特别是玉米收储制度改革、大豆目标试点改革后，进行种植结构调整是农户增加收入的必然选择。阮荣平等（2020）、王新刚和司伟（2021）分别运用双重差分法验证了生产者补贴对扩种的影响，结果表明玉米收储制度改革导致玉米播种面积、总产量双下降，取消大豆目标价格试点政策导致大豆播种面积、面积占比和单位面积投入均减少，但随着生产者补贴政策配套制度的建立，玉米播种面积有所增加，大豆播种面积也呈现增长态势。田聪颖和肖海峰（2018）研究玉米、大豆生产者补贴政策对农户种植结构调整行为的影响，认为由于补贴额度的差异，农户调减玉米、增种大豆。李孝忠等（2020）研究表明，玉米生产者补贴政策促进了玉米面积调减，推动种植结构调整。周杨和邵喜武（2021）研究表明，大豆生产者补贴政策改革初年（2017年）扩种大豆面积显著，随后效果逐步减弱，而预期相对收益的提升是2017年农户调整种植结构的重要原因。

2. 内在驱动因素研究

农户种植结构调整是以地域为基础的众多个体自主选择以实现集体行动的过程。按照中国小农的种粮逻辑，种粮行为调整是一种内生的执行机制，并非是农业补贴政策直接诱导的结果（仇童伟和罗必良，2018），农户资本禀赋与种粮行为选择之间存在密不可分的关系（曾福生和戴鹏，2012）。作为实践理论研究的重要先驱者，布尔迪厄将客观的资本禀赋和主观行为决策联系起来，在其著作《实践理论大纲》中将资本禀赋划分为经济资本、社会资本、文化资本和象征资本。其中，经济资本是经济学一般概念上的资本，指的是货币或产权，可以具体化为收入、财产和土地等；社会资本是个体长期投入的社会网络所带来的社会资源，这一网络由相互熟识的关系构成，社会资本的实质就是群体以集体拥有的资本为其成员所提供的支持，这种关系可以具体化为邻里关系、同学关系、同事关系等（宫留记，2008）；文化资本是现代社会教育系统的产物，与个体在文化学习中投入的时间成正比，可以表征为个人的教养、素质和学历等；象征资本类似于社会资本，是指个体在行使上述三种资本后得到的尊重、声誉、地位、名望等。随后，布尔迪厄和华康德（2004）又进一步将资源禀赋划分为经济资本、社会资本和文化资本。此后，国内外学者沿用这一框架在农业生产和农村治理领域对农户行为进行研究，形成了几个研究方向，资本禀赋影响农户的社会治理参与行为（张翠娥等，2016）、耕地保护行为（李晓平等，2018）、绿色生产行为（张童朝等，2017）、农业技术采纳行为（杨晨遥等，2022；刘可等，2019），以及农业政策参与成效（丘水林和靳乐山，2022）等。上述研究都表明农户资本禀赋是影响行为与决策的重要因素，农户采取某项行为会受到自身资本禀赋的限制，会优先考虑自身的资本禀赋条件，一旦不能满足相应行为就会被放弃。根据内外部因素测量指标之间的联系可以绘制分析框架图（图2）。

近年来，国内学者也开始关注"旱改水"的成因研究，虽然相关研究乏善可陈，但研究结论基本也可归因为外部政策因素和农户自身因素的组合。成升魁等（2018）认为，由于稻谷的比较收益较高，且2016年国家取消东北玉米主产区的托市收购，玉米市场价格下跌，农户种植水稻的积极性持续高涨。任

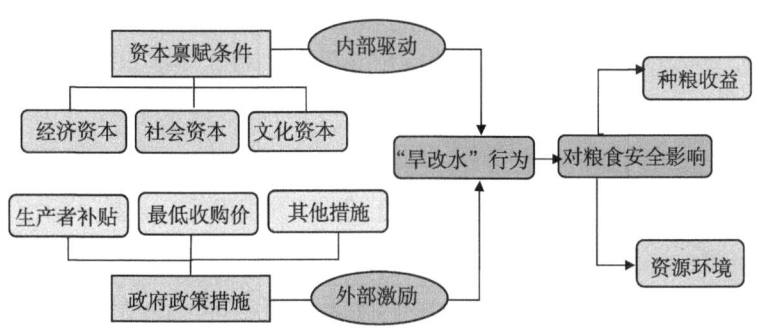

图 2　农户"旱改水"行为分析框架

永星等（2019）认为人口和经济的增长是导致耕地面积迅速增长的主要原因，影响水田面积扩张和旱田向水田转化的驱动因素为科技进步、水利设施建设、政策倾向和利益驱动。范语思等（2020）对于"旱改水"演化背后的驱动机制进行了有益的探讨，指出"旱改水"是自然因素和社会经济因素互相协调、共同驱动的结果。

三、东北地区"旱改水"的研究

东北地区"旱改水"是近几年才频繁出现的种植结构调整现象，学术界对"旱改水"的研究还不广泛，现有研究主要集中在以下几个重要领域。

一是"旱改水"布局规划和实施技术。"旱改水"属于种植结构调整行为，特别是政府推动的项目，其布局规划都经过较为严格的论证，对改水后可能出现的技术问题也进行了前瞻性考虑，不少学者对如何科学"旱改水"进行了探索。基于空间数据挖掘技术、遥感技术及应用等手段，对"旱改水"合理区位选择的方法进行挖掘。孙姝艺等（2019）、任永星等（2019）对吉林省西部耕地变化与"旱改水"时空特征加以总结和研究，为科学布局"旱改水"建设项目提供了方法借鉴。姜晶（2021）归纳总结了辽宁省大连市普兰店区"旱改水"项目土地平整、土壤改良、排水灌溉工程的技术方法，万平等（2015）对"旱改水"的整治工程技术进行了综述，余敦和袁胜国（2018）、赵宏玉（2019）探索了旱田改为水田后的注意事项，并对旱地改造为水田的关键技术进行剖析，为顺利开展"旱改水"提供一定的技术参考和借鉴经验。

二是"旱改水"效果评价。目前学术界对"旱改水"的效果评价形成三个研究领域。①对粮食增产的影响。孙敬义等（2017）、周璟茹（2019）等学者认为"旱改水"有利于提高耕地质量和耕地资源保护，优化生态环境，促进粮食增产。黑龙江省黑河市农业综合开发办公室 2017 年的调研材料指出"旱改水"可以明显改善农业基础设施条件，有效提高粮食产量和商品量，大幅增加农民收入。但周璟茹（2019）、陈浮等（2021）等学者认为，由于对地下水资源的过度开采，"旱改水"不利于粮食面积和产量的增加。②对农民增收的影响。阚国坤和惠富平（2010）认为"旱改水"增加了稻谷的收获量，从而增加了农民的收入。王长海（2014）以黑龙江为例对"旱改水"的增收效果进行测算，结果表明"旱改水"后，水稻亩产比玉米增加 300 斤①，单价增加 0.5 元，且更容易出售，直接带动农民户均年增收 2.4 万元。黑龙江哈尔滨市农业综合开发办公室 2017 年调研材料指出，"旱改水"增加了水田的地租，促进了农民增收，亩均增收约 500 元。杜春梅（2018）、陆璐（2019）等学者却认为，"旱改水"由于缺乏对资源环境适配性的考虑，反而造成了农户种粮收益的减少。③对资源环境产生的影响。不少学者认为，"旱改水"忽视了自然资源和地质条件，整治工程技术缺乏，一些地方甚至把增加水稻作为结构调整的重点方向盲目上马，存在短视性，造成改造区域分散，未形成规模化效益，反而阻碍了耕地资源保护，影响农民收益（张伟建，2016；杜春梅，2018；陆璐，2019）。高鸣等（2018）、陆璐（2019）等认为，东北"旱改水"已经造成地下水位下降，湿地面积减少，黑土质量明显下降，对资源环境带来难以弥补的损失，对东北地区而言"旱改水"存在巨大的生态环境风险。周璟茹（2019）对黑龙江省海伦市"旱改水"期间耕地生态系统评估后，提出"旱改水"耕地提质改造工程导致区域水分亏缺量增加，并认为现有水量已不足以支撑当前的水田面积。陈浮等（2021）认为，大面积的"旱改水"整治可能会在生态上产生潜在风险，大规模的水田扩张可能造成农田碳排放压力增大。因此，建议考虑当地地理环境、地质气候条件、经济社会发展等因素，加大农田水利设施建设，利用地表水发展水稻，对实施"旱改水"进行合理布局和规划（廖成泉等，2017；王长海，2014）。

---

① 1 斤=0.5 千克，全书同。

综上所述，目前关于"旱改水"研究多见于国内，主要集中在"旱改水"实施后对当地种粮收益、耕地质量和生态环境的影响，改种过程中存在的问题和对策，实施工程技术措施的注意事项，以及如何合理区位布局和选址，也出现了一些关于"旱改水"驱动因素的研究。但也要看到，国内关于"旱改水"的研究缺乏在农户层面对问题的关注，对改种的原因缺少全面、科学的研判，对改种后综合效益评估的实证研究较少，而且对于是否能提升种粮收益学术界尚有不同意见，更不能准确掌握"旱改水"对粮食安全影响程度，改种后缺少行之有效的应对措施方案。

四、研究评述

通过对现有文献的梳理发现，第一，"旱改水"是自发种植结构调整的行为，奠定了本研究从小农户微观视角出发，研究"旱改水"驱动机制的基础，并且注重农户和政府之间互动关系的演化。第二，"旱改水"作为种植结构调整行为，受到来自外部激励机制和内在驱动因素两方面因素的共同作用。在外部激励方面，主要体现在与东北地区农业生产有关的稻谷最低收购价政策、玉米与大豆生产者补贴政策上，政策的补贴标准、实施效果、政策预期等都影响了农户的种植行为。内部驱动因素方面，在布尔迪厄的资源禀赋理论基础上，本研究沿用经济资本、社会资本和文化资本的框架对驱动农户"旱改水"的自身因素进行分析。第三，"旱改水"对经济社会和农村发展产生一定的影响得到了多方印证,但其对种粮收益、资源环境的影响程度有待精准的测度和检验,本研究将选用双重差分模型,实证检验2017年玉米收储制度改革和大豆目标价格试点改革后"旱改水"行为对粮食安全产生了哪些影响。

第三章 中国粮食安全形势和风险分析

我国人口多，解决 14 亿人的吃饭问题，事关经济发展大局。从国情看，不管工业化、城镇化发展到什么阶段，吃饭问题还是首要问题；从农情看，不管农业农村现代化发展到什么程度，保障粮食安全还是首要任务。中共中央、国务院对保障国家粮食安全高度重视，习近平总书记作出了一系列重要讲话和指示，核心就是粮食安全这根弦一刻都不能松。这些年，各地农业农村部门认真贯彻落实中共中央、国务院决策部署，加快构建补贴、信贷、保险"三位一体"政策扶持体系，保障农民种粮收益，调动地方政府重农抓粮和农民务农积极性，粮食等重要农产品保障有力，为筑牢东北地区粮食安全"压舱石"地位，为经济发展、社会稳定和国家粮食安全奠定重要基础。

一、中国粮食等重要农产品产需形势

1. 稻 谷

水稻是我国最大的口粮品种，播种面积占全国口粮作物（水稻和小麦）总播种面积的 55.9%，产量占口粮作物总产量的

60.8%，全国 60% 以上的人口以大米为主食。水稻生产对确保我国口粮绝对安全至关重要。近年来，我国遏制了水稻面积下滑的态势，比较稳定地实现了谷物基本自给，口粮绝对安全。稻谷连年产大于需，产量稳定在 2.1 亿吨以上，口粮自给率在 100% 以上。2021 年稻谷产量 21 284 万吨，且产需尚有结余，库存充裕。未来一个时期，随着人口增加，口粮需求仍将增加，但我国稻谷产大于需的形势不会变，口粮绝对安全有保障。同时也要注意到，目前稻谷库存大头是粳稻，特别是中低端粳稻去库存的难度较大。对主要生产粳稻的东北地区而言，要适应市场的形势，发展口感好的长粒粳稻，减少库存较多的短粒品种种植。也就是说，口粮是"优先保"的品种，必须确保 100% 自给。

2. 玉 米

近年来，我国玉米生产相对稳定，但产需形势持续偏紧。由于国内种植结构调整、规模养殖快速发展，特别是加工产能扩张（产能超过 1 亿吨），玉米需求快速增长，消费量达到每年 2.9 亿吨。玉米产需自 2017 年出现缺口以来，呈逐年扩大态势，供求关系整体由阶段性过剩转向供需偏紧。2020 年缺口达到 600 亿斤左右，为满足国内市场需求适当进口玉米及其替代品［大麦、高粱、DDGS（酒糟中蛋白质饲料）］553 亿斤。2021 年玉米产量达到 5 451 亿斤、增产 238 亿斤，产需偏紧态势有所缓解。但由于 2020 年国家临时增发的 400 亿斤玉米进口配额集中释放，2021 年进口量达到 567 亿斤左右，创历史新高。未来一个时期，因肉蛋奶等需求拉动,我国玉米饲用需求每年增量在 50 亿斤左右,加上加工和其他需求,产需缺口仍将保持在 600 亿斤左右。也就是说,玉米是"努力保"的品种,要优化布局,努力让自给率稳定在 90%。

3. 大　豆

大豆和油料是我国食用植物油和饲用蛋白主要来源,保障其有效供给,对满足 14 亿人膳食健康至关重要。近年来,政府出台了一系列大豆生产扶持政策,大豆生产稳定发展。但是大豆需求持续增加,国内供给能力不足,呈现偏紧态势。大豆和油料供给保障的核心问题是,保住食用大豆、植物油和饲用蛋白安全。据统计,2020 年,我国大豆种植面积 1.48 亿亩,产量 1 960 万吨,由于种植比较效益下降,2021 年大豆种植面积减少 2 200 万亩,产量降至 1 640 万吨。我国食用大豆每年消费量约 1 600 万吨,主要用于食用和豆制品加工,国产大豆基本可以满足国内食用大豆消费需求。但是因食用植物油和蛋白饲料需求增加,大豆产需缺口呈扩大态势,每年都要进口约 9 000 万吨大豆用于榨油和饲料,2020 年进口大豆 10 033 万吨,首次突破 1 亿吨,自给率仅为 16.3%。未来一个时期,大豆需求每年也将增加 100 万吨左右,对外依存度还很大。也就是说,大豆是"必须保"的产品,是当前的一项重要战略任务,要使自给率尽可能提高到 30%。

二、粮食生产面临的风险挑战

我国粮食和农业保持了较好的发展势头。但面临的困难和问题也是客观的,归纳起来主要是三个方面。

1. 从生产看,产能基础还不稳固

一是水土资源约束趋紧。耕地是粮食生产的命根子。现在看,耕地减少的趋势不可逆转。近年来,工业化、城镇化快速推进,耕地面积减少较快。据国土"三调"数据,2019年年底全国耕地保有量19.18亿亩,比2010年减少1.13亿亩。预计未来每年还将减少几百万亩优质耕地。水资源短缺是硬约束。目前,我国人均水资源不及世界平均水平的1/4,且与耕地资源分布不匹配,北方耕地占全国的65%、水资源仅占20%。更应该看到,目前全国年用水量6 000亿米^3,农业年用水3 600多亿米^3,未来工业和城市用水仍将持续增加,农业用水空间还将收窄。

二是基础设施仍然薄弱。农业的基础设施建设总体是加强的,对粮食和农业丰收起到了支撑作用。但与发展的需求相比,基础仍然显得很薄弱。已建成高标准农田占耕地面积比例仅为5%左右,部分还存在设施老化损毁、配套不完善的问题,而且在已建成高标准农田中,旱地面积还很大,约占2.8亿亩,没有排灌条件,主要靠天吃饭。

三是科技创新能力不足。一方面,种业自主创新能力不足。

育种水平与发达国家差距较大,玉米、大豆平均单产仅为美国的60%左右。另一方面,农机创制水平不高。高性能、智能化农机装备和适应丘陵山区农机具缺乏,高精度传感器、高性能排种器等一些重要零部件还要从国外进口。

四是生产成本持续攀升。据统计,2015—2020年我国三大主粮亩均成本从872元上涨至1 120元,累计涨幅28.4%。其中主要是用工成本增加,在农忙时节,200元/(天·人)的薪酬都请不到工人。同时,石油等大宗商品价格上涨,导致农业生产资料价格和农机作业成本上涨,抵消种粮收益。

2. 从需求看,满足居民消费仍面临较大压力

一方面,消费需求刚性增长。当前,我国人均国内生产总值(GDP)超过1.25万美元,即将进入高收入国家行列,居民消费结构将加快升级,加之人口增长、城镇化进程加快推进,粮食需求将刚性增长。专家估计,2025年,我国粮食需求量在1.6万~1.65万亿斤,预计到2050年左右达到1.8亿斤的粮食需求峰值。满足居民不断增加的粮食需求,仍是不能回避的一项任务。

另一方面,粮食损失浪费很多。据专家估算,我国粮食每年全产业链总损耗在1 500亿斤左右,其中,我国主要粮食作物小麦、水稻、玉米常年机收平均损失400亿斤左右,加工损耗100亿斤左右,存储流通损耗500亿斤左右,消费浪费500亿斤左右。

3. 从贸易看，国际市场风险加大

一是国际农产品贸易量有限。大多数农产品国际贸易量远低于我国消费量，全球粮食跨境贸易量每年8 000亿斤左右，只有我国粮食需求量的一半多。其中大米跨境贸易量约为800亿斤，只有我国大米消费量的1/5左右，即便是全部买下也不够我国消费。

二是农产品进口来源国集中，在粮食安全问题上可能存在被一些国家"卡脖子"的风险。稻米主要来自缅甸、越南、巴基斯坦、泰国，占比86%；玉米主要来自美国、乌克兰，占比90%以上；大豆主要来自巴西、美国，占比90%以上。全球80%的粮食贸易量控制在"ABCD"（美国的ADM、邦吉、嘉吉，以及法国的路易达孚）手中，粮食供应链主导权被美国等西方国家掌握，国际上一有风吹草动，我国粮食进口就可能受制于人。

三是供应链不稳定性增大。当前，百年变局和世纪疫情交织，全球化逆流和大国博弈愈演愈烈，农产品"买不到、买不够、买得贵"的风险加大。2022年俄乌冲突加剧国家大宗商品市场供需矛盾，西班牙、阿根廷等20多个国家和地区采取非正常贸易措施，加之新冠肺炎疫情导致全球粮食供应短期骤然收紧，推高了国际粮食价格，导致我国进口成本激增。

第四章　国内外农业支持政策的演变

一、主要发达国家农业支持政策研究

1. 美　国

美国农业支持政策是兼具干预性和补贴性功能，以稳定农民收入为核心，着力化解生产风险和市场风险，确保国内农产品安全充足供应和提升农业竞争力（张晶，2018）。具体包括商品贷款计划、贷款不足支付、市场损失补助金和农场仓储设施贷款计划，并对于花生和蜂蜜专门提供金融支持。美国农业支持政策具有以下特点：一是支持水平保持高位。美国农业国内支持总量占农业产值比重从 1995 年的 28.1% 提高到 2016 年的 34.7%（程郁，2017）。此外，美国还通过边境措施和市场干预措施对农产品进行支持，主要包括关税、配额、限定市场价格等方式。随着新冠肺炎疫情蔓延，美国进一步提高农业支持力度，2021 年 3 月拜登政府通过了《美国救援计划法案（ARP）》，提供 5 亿美元支持农业发展，其中，4 亿美元用于支持不具备优势的农民，1 亿美元用于各州、食品银行和各地组织扩展食品网络，满足社区食品需求。二是在保收入的基础上，注重保成本。联合国粮食及农业组织（FAO）发布的报告显示，与价格支持措施相比，美国对农业投入品的补贴和与产量有关因素的补贴规模更大。如美国的大米毛利保险，就把生产成本的变动纳入农业保险的风险因素中，保障肥料等生产成本发生变动时，农民收入不受损失。三是美国支持政策以绿箱政策为主，黄箱为辅。美国农业国内支持实现由绿箱、黄箱、蓝箱多元化支持到以绿箱为主、黄箱为辅的转变，大豆、玉米、棉花、小麦等重要农产品都采取特定农产品的黄箱支持政策，以维持较高的国家竞争力，并且不断拓展非特定农产品的支持来提升"黄箱"政策空间（徐晓莉，2019）有效规避世界贸易组织（WTO）规则对国内支持政策的限制。四是完善的农产品出口信贷政策体系。为了维持美国农产品出口优势，美国构建了完备的出口支持政策体系。现行的农产品出口支持项目主要包括农业贸易促进和出口信贷担保两大类。其中农业贸易促进项目是各类出口促进项目的集合，资金超过2.5亿美元；出口信贷担保项目为购买美国食品和农产品的海外买家提供短融资，并为美国出口的商品和服务提供融资担保，授权达到65亿美元。五是运用贷款补贴和保险计划保障农民收入。补充保险选择计划、累计收入保险计划和农业收入风险保障计划交叉互补，为作物保险的免赔额提供风险保障，避免浅层次风险带来的损失；价格损失补贴计划和农业收入风险保障计划对长期价格走低造成的收入损失进行补贴（张晶，2018）。授权永久生效农业灾害救助计划，一旦出现大灾，农户可获得补偿。

2. 欧 盟

欧盟国家主要是通过以农产品价格支持机制为核心的"共同农业政策"调控农产品市场（李登旺和宋晨超，2021）。欧盟农业政策具有以下特点：一是坚持市场化导向。共同农业政策改革是一个连续的过程，演进的方向就是从价格干预政策发展到脱钩的直接补贴，通过推出市场化的支持手段，降低了干预价格，提高脱钩支付比例。谷物的最低价格逐步下调15%，牛肉下调20%，牛奶下调15%，并从2005年开始降低黄油和干奶粉的价格，通过直接补贴补偿农业部门50%、乳制品部门70%的收入损失。二是织密保障农民收入的安全网（程郁，2017）。欧盟收入支持政策包括市场收入（价格支持）、直接补贴收入、非农收入和生态保护收入等，并对农业环境保护付出给予收入增加补贴。同时，建立了4亿欧元的危机储备（按2011年价格计算），把针对农作物、动物和植物的保险计划、共同基金和收入稳定工具等风险管理工具归到"第二支柱"，允许以共同基金的形式对牲畜和作物保险进行保费补贴。通过农业保险和共同基金基本覆盖了自然灾害、动植物疫病和环境变化带来的风险。三是大力支持农村发展。共同农业政策要求各成员国必须建立自己的农村发展方案，并且更加强调通过两个支柱之间政策的相互作用来实现农村发展的共同目标。这两个支柱政策还在财务方面相互作用，实现资金在两者之间转移，并制定规则以防止重复融资。四是关注农业可持续发展。欧盟农业支持政策演进的一项重要内容就是在直接支付政策中增加绿色直接支付。

从 2015 年起，在第一支柱引入绿色直接支付，占直接收入补贴的 30%，用于奖励三种强制性农业行为，即保持永久草地、保护重点生态区域和作物多样化，有利于保护自然环境和气候。同时，在第二支柱的政策设计中，欧盟规定每个成员国的农村发展方案至少要预留 30%的预算作为保护环境和应对气候变化的自愿措施，进一步加强了农业农村的可持续发展。

3. 日 本

日本农业支持政策立足小农生产现实，构建竞争力导向的新型农业支持政策体系。其特点主要体现在以下四个方面。

一是保障农民利益不受损失。日本政府主要是从降低农业生产资料成本和流通成本方面减少农民生产成本。同时，推动农产品品质提高，加强农产品质量安全管理，使得农产品获得价格溢价，扩大农产品的利润空间（马红坤和毛世平，2019）。

二是发挥农业多种功能，提升乡村多元价值。近年来，日本农业支持政策着力打造农业全产业链，从纵向拓展新的产业，贯通生产、加工和销售，创制新供给。发挥乡村食品供应功能，将生产向加工、流通、品牌、销售领域拓展，提升新供给能力。从横向上拓展新的功能，融合文旅，培育新业态。发展乡村休闲体验、生态涵养、文化传承功能，将农业向休闲、旅游、养生、文化和教育领域拓展，催生新业态。

三是通过技术创新推动绿色发展。日本农林水产省从采购、生产、流通、消费、乡村振兴、供应链整体和林业七个方面制定了拟采取的技术变革，通过补助、投融资、税收等政策引导相关从业者采用新技术，并及时披露信息，通过有效沟通获得从业者支持，确保战略得以顺利实施。其中政策改革上主要表现为：调整补助对象，将补助对象集中于促进农业可持续发展的从业者；扩充补充金，并与环保条件挂钩，设置"交叉遵守"，减轻环境压力，推进政策绿色化；对环境友好型农业企业进行补贴，鼓励企业减少温室气体排放、促进资源循环利用。同时，推动各方通力合作，向国民及时披露战略措施和实施进展，并与有关人士交换意见，保持各方合作顺畅高效。

四是更好发挥农协社会化服务功能。日本农业协同组织（简称农协）是农村合作经济组织，具有完善的科层管理体制，并与国家行政管理体制相对应，具有"准政府机构"性质，承担着政府的部分行政职能，服务范围覆盖农业农村发展各领域，为农业生产提供全产业链服务（王玉斌和王鹏程，2020）。日本政府通过出台《农业协同组合法》，对农协展开了强有力的市场化改革，大幅削弱了农协的行政色彩，增强其提供市场化服务的能力。

4. 小　结

从以上研究中可以看出，主要发达国家与地区农业支持政策有以下共同特点。

一是以保障农民收入为核心，着力打造农民收入安全网。美国、欧盟和日本农业支持政策从单一的价格支持逐步转向直接补贴、价格支持、农业保险等多元农民收入安全网体系建设。

二是更加注重出台投入品的补贴政策,实现保成本功能。随着国际国内形势变化,欧盟成员国纷纷提供化肥补贴,保障农业生产成本。

三是绿箱政策推动农业可持续发展。欧盟和美国不断扩大绿箱政策规模,推动绿色技术和农业可持续发展。

四是通过黄箱政策提高本国农业竞争力。黄箱政策,尤其是特定产品的黄箱政策,用以支持玉米、大豆、小麦等具有出口优势的农产品,以维持国际竞争力。

五是大力发展乡村振兴。粮食主产国农业支持政策不断向农村地区倾斜,改善农村环境和基础设施、加强农村人才和培训方面投入,同时建设农业产业园区,推动乡村产业发展。

二、中国农业生产支持政策演进

1. 价格支持政策演变

2014年以来我国主要稻谷、玉米、大豆价格支持政策改革举措见表1。

表1 2014年以来我国稻谷、玉米、大豆价格支持政策改革举措

时间	措施
2014年	大豆临时收储政策改为目标价格试点政策
2015年	玉米临时收储价格首次下调

(续表)

时间	措施
2016 年	玉米临时收储制度改为"市场化收购+生产者补贴";早籼稻最低收购价每斤下调 2 分
2017 年	大豆目标价格试点政策改为"市场化收购+生产者补贴政策";稻谷最低收购价全面下调
2018 年	稻谷最低收购价再次全面下调,其中粳稻每斤下调 0.2 元,同时启动实施稻谷生产者补贴政策;增加大豆补贴力度
2019 年	稻谷最低收购价全面上调,早稻和中晚籼稻上调比例较大;大豆生产者补贴继续增加,补贴标准超过玉米 2 倍
2020 年	稻谷最低收购价小幅下调,稻谷补贴全面超过玉米补贴

(1) 稻 谷

我国自 2004 年在主产区实行稻谷、小麦最低收购价政策,这是一种典型的价格支持政策。稻谷的最低收购价政策一般是在年初稻谷种植之前公布,当市场价格低于最低收购价时,政府以公布的最低收购价进行托市收购,当市场价高于最低收购价时,则不启动,农民随行就市销售(李朝柱等,2019)。为应对生产成本的快速攀升,最低价格水平连续 7 年提高,发挥了稳定粮食市场价格的作用,增产增收效果显著(程国强,2011;郑风田,2015;李国祥,2017)。与此同时,不断攀升的价格水平也带来了一系列问题,托市收购量价齐高扭曲了市场形成价格的机制,影响下游加工业发展,过多承担保增收功能,导致稻谷库存积压大,出现水稻生产、库存和进口三量齐增,粮食供求的品种结构矛盾突出(黄季焜等,2015;吕新业和冀县卿,2013;王新刚,2021)。为此,有的学者认为稻谷和小麦在坚持最低收购价框架基础上,要对其价格水平进行合理调整,让政策功能回归到保成本和兜底上来,在降低托市价格的同时,对种粮农民给予适度补贴(陈锡文,2016;程国强,2011;程郁和叶兴庆,2017)。2016 年,最低收购价政策根据粮食市场形势变化下调价格水平,早籼稻、小麦最低收购价甚至低于完全成本,但是鉴于中晚籼稻和粳稻产量大、对保障国家粮食安全的重要程度高,最低收购价仍维持在 2015 年水平,其中粳稻保持在每斤 1.55 元,进一步激发了水稻种植的积极性,东北地区水稻播种面积在连续两年稳定的基础上出现明显增加(黄季焜等,2011;周静和方福生,2019),比 2015 年增加了约 3%。为继续完善最低收购价政策,2017—2018 年国家连续 2 年下调稻谷最低收购价,并从 2018 年起在合理调整完善最低收购价政策的同时,在有关稻谷主产省(包括黑龙江、吉林和辽宁三省)启动实施稻谷补贴,当年辽宁省补贴 6.2 亿元,吉林省补贴 8.7 亿元,黑龙江省更是下发了 67 亿元水稻补贴,补贴额度仅比玉米少 13%,比大豆少 25% 左右,起到了弥补价格下降损失和保障种粮收益的目的,逐步构建起生产者补贴机制。2020—2021 年,综合考虑化肥、农药价格上涨幅度较大等因素,农户水稻种植收益同比下降较多,同时兼顾保障国家粮食安全,稻谷最低收购价水平稳中有升。

总的来看,稻谷最低收购价演进的目标是让政策回归保成本和兜底,以稳定农业生产,同时完善市场机制,建立收入补贴制度。

（2）玉　米

2008年玉米临时收储政策启动，到2016年玉米临储库存达到2.8亿吨，进口、生产、库存"三量齐增"，库存压力、财政压力和价格下行压力持续积累，制度改革势在必行。2016年国家实施玉米供给侧结构性改革，在"镰刀弯"地区鼓励和引导农户调减玉米种植面积，同时，取消临时收储政策，按照市场定价、价补分离的原则，建立市场化收购加生产者补贴的新机制，消化临储库存。2016—2018年，东北三省及内蒙古自治区玉米补贴总额分别为378亿元、345亿元和245亿元。从额度看呈现出逐渐减少趋势。从效果看，玉米收储制度改革取得了积极成效，基本实现了改革目标，种植结构调整效果初显，下游玉米加工产业及畜牧业的生产成本降低，提升了企业开工率，为充分发挥市场机制作用留出空间（李国祥，2017；顾莉丽等，2018），但也造成了玉米市场波动，价格下行压力较大，农户收益一定程度减少等一系列问题（张崇尚等，2017；顾莉丽和郭庆海，2017；普蓂喆和郑风田，2020）。2017年市场化收购制度继续实施并不断完善，新粮上市以后，东北地区玉米价格出现恢复性上涨，种植结构调整优化、加工企业全面激活、产业竞争力明显提高（阮荣平等，2020；李国祥，2017）。之后，随着农业种植结构调整和玉米深加工产业发展，加之经过2016—2019年四年的去库存，到2020年玉米政策性库存基本消化完成，玉米产需形势发生较大变化，由此前的产大于需转为产不足需，且缺口呈现扩大态势，中长期产需缺口在每年600亿斤左右。

总之，玉米生产者补贴演进目标是优化区域布局，巩固优势地区面积，提升主产区生产能力。

(3) 大　豆

东北地区是我国大豆主产区，大豆种植集中在黑龙江省黑河市和内蒙古自治区呼伦贝尔市。2014年我国首次在东北三省和内蒙古自治区启动大豆目标价格补贴改革试点，当年确定的大豆目标价格水平为4 800元/吨，2015年、2016年大豆目标价格都保持每吨4 800元的水平不变。大豆目标价格按照"生产成本+基本收益"确定，当监测的市场价格低于目标价格时，试点政策启动，目标价格与市场价格的差价补给大豆实际种植者（张晶等，2016）。通过实施大豆目标价格试点政策，基本建立起市场形成价格的机制，国内外大豆差价缩小，发挥了价格补贴"保收益"功能，保障豆农基本收益。同时，稳定了大豆生产，保障产能安全，并适当引导种植结构调整（王文涛等，2015；王耀鹏，2015，张晶等，2018；李国祥，2017；王文亭等，2018；贺超飞和于冷，2018）。但是，上述调整同样存在着财政负担过重、补贴收入较低、补贴效率亟待提高等问题，由于未能统筹兼顾东北地区大豆和玉米比价关系，影响了种植结构调整。为了解决上述问题，更好发挥市场机制作用，同时引导东北地区大豆种植，2017年，目标价格试点政策取消，东北地区实行大豆生产者补贴，并统筹安排玉米和大豆生产者补贴，按照总量稳步增加、结构逐步优化的原则，充分考虑大豆玉米种植收益，科学确定补贴的比价关系和具体补贴标准，同时组织开展玉米大豆轮作试点补贴。2020年，国家对大豆生产者补贴政策进行进一步完善，要求以省为单位设定大豆基期种植面积（王新刚和司伟，2021），2020—2022年保持不变，这就意味着大豆生产者补贴将持续到2022年。大豆生产者补贴政策增加农户种粮收入，调动种粮积极性，扩大了大豆种植面积，有利于增加生产要素投入（李江一，2016；吴连翠和柳同音，2012；王新刚和司伟，2021），提高生产效率（高鸣等，2018）。同时，也有学者认为大豆生产者补贴提高了地租水平（钟甫宁和胡雪梅，2008），造成土地过度资本化（全世文等，2018），对农业生产激励作用有限。此外，为促进东北地区大豆产业发展，2019年我国启动大豆振兴计划，组织开展大豆良种联合攻关。2021年启动实施国家大豆和油料产能提升工程，把扩种大豆油料作为农业生产的一项硬任务，将大豆油料扩种目标任务落实到省市县。

总之，大豆生产者补贴演进目标是扩大大豆种植面积，多措并举提高大豆自给率。

2. 收入补贴和保险保障政策演变

（1）生产者补贴

2016年起，全面推开"三补合一"改革，将种粮直补、农业生产资料综合补贴、良种补贴合并为"农业支持保护补贴"，政策目标调整为支持耕地地力保护和粮食适度规模经营。实施以来，每年补贴规模达到1 205亿元，折合每亩粮食补贴约50元，有效减缓了价格下行对农民收入的冲击，农民已将其作为种粮收入的重要来源（张天佐等，2018；许庆，2020）。

（2）农业保险政策

2018年国家启动三大粮食作物完全成本保险和收入保险试点，有效对冲了自然灾害和粮价波动造成的种粮收入风险，2019年印发《关于加快农业保险高质量发展的指导意见》，各地政府高度重视，积极贯彻落实，相继出台本地区农业保险高质量发展的实施文件，推动我国农业保险快速发展。2020年，全国农业保险保费规模达到815亿元，同比增长21.32%，超越美国（103.7亿美元，折合人民币715亿元）成为全球农业保险保费收入第一大国。农业保险深度达到1.05%，同比增长9.96%，较2008年提升了3倍，提前完成了指导意见中2022年农业保险深度1%的目标。农业保险密度460元/人，也实现了27.75%的高速增长。在农业保险快速发展势头下，三大粮食作物保险提标效果明显，粮食安全保障能力显著提高。2020年试点地区三大粮食作物种植面积都有增加，共增加种植面积38.28万亩，耕地撂荒的现象也有所改观，种粮农民的获得感明显增强。试点后，小麦完全成本保险每亩获赔金额提升至246元，水稻提高到近400元，调研中，反映"农业保险更有用了"的种粮农民普遍增加。但是农业保险还存在保额设定不科学、费率厘定不精准、承保理赔不规范、不适应农业产业转型需求、创新性保险产品仍然缺乏、农业保险补贴效能未能较好发挥等问题（张峭和王克，2021）。

（3）小　结

综上所述，我国农业生产支持政策在东北地区发挥了积极作用，保障了农民种粮基本收益、一定程度提高了种粮积极性，调整了种植结构。但是，我国农业支持政策在体量规模、结构水平、补贴效能上还存在短板，补贴强度、精准度、有效性方面仍有提升空间。虽然农业支持政策的市场机制已经建立，但发挥市场在资源配置中的决定作用仍是我国深化农业支持保护政策改革的重要方向，如何根据市场形势，确定最低收购价合理水平，回归最低收购价保成本、兜底线、稳预期的政策定位，是下一步政策调整的重点。此外，粮食金融保险政策还面临承保理赔不规范、创新性保险产品缺乏、补贴效能未能较好发挥等问题，构建广覆盖多层次可选择的粮食金融保险政策才能真正构建起农民收入保障的安全网。

第五章 东北地区"旱改水"基本特征

2014年以来,东北农户权衡水稻、玉米、大豆比较收益,通过多种方式推进"旱改水"(程郁,2017;徐田华,2018),将大豆、玉米改种为水稻。2016年玉米取消临时收储政策制度,实行市场化收购和生产者补贴,叠加2017年大豆实施生产者补贴政策,旱田收益与水稻差距逐渐拉大,东北地区迎来了"旱改水"的高峰。

一、"旱改水"具有自发性,投入成本较高

东北农户改种水田具有自发性,基本都是农户自主行为。从调研情况看,只有不足20%的农户是在中低产田和低洼易涝地"旱改水"改造项目支持下进行改种,绝大多数农户都是自发毁旱田改种水田,导致了较高的投入成本。政府支持的"旱改水"项目选址经过合理的统筹规划,资金由政府整合筹集,统一修建田间灌溉、排水工程,农民投入较少,改种当年即可实现较为可观的收益,其中,由玉米改种水田亩均收益增加400多元,大豆改种水田亩均收益增加600元左右。与之相比,农户自发"旱改水"前期投入较大,新打机电井、平整土地等各项

措施总投入达到 4 000~6 000 元，据调研农户反映，"农户自己'旱改水'前两年基本不挣钱"，一般到第三年才能实现收支平衡。

二、"旱改水"面积大、持续时间长

从区域分布看，东北农户"旱改水"主要集中在松嫩平原、辽河平原等具备水稻种植积温、地势条件，且历史上有水稻种植传统的地区。从调研情况看，改种涉及面积较大，黑龙江省绥化市产粮大县庆安县约 30% 的旱田改种水田，吉林省"旱改水"面积达到 33 万亩，通常是整村、整镇集中改种。从时间跨度看，"旱改水"持续时间较长，自 2015 年以来不断发生。2015 年稻谷最低收购价再次上调，东北地区迎来了"旱改水"的小高潮。随后在 2016 年玉米临时收储制度取消，"旱改水"规模达到历史高峰。据基层同志反映："黑龙江省能改水田的耕地都改种水稻，不能改种的是度坡 15°以上等不具备耕作条件或者改种成本特别高的耕地。"此后，国家开始调减玉米面积，东北地区玉米补贴下降，每亩由 2016 年的 170 元降至 2018 年的 110 元，加之年景较差，洪涝干旱等气象灾害频发，导致玉米产量下降，收益下降较多，2017 年大豆改为生产者补贴，但对扩种大豆的激励作用有限，2018—2019 年东北地区一批玉米种植户集中改种水田。

三、"旱改水"给资源环境及粮食综合生产能力提升带来隐患

从调研情况看,东北多地通过多种途径推进"旱改水",但农户自发"旱改水"是主要模式。由于对自然资源条件和不同农产品重要程度缺乏统筹考虑,加之自发"旱改水"技术缺乏、选址不当,存在盲目性、短视性,对当地自然环境和粮食生产造成隐患。

一方面,"旱改水"影响玉米、大豆生产。东北地区是稻谷、玉米、大豆主产区,大豆、玉米与谷物争地矛盾突出。随着近年来玉米供需形势趋紧,每年缺口在600亿斤左右,大豆自给率持续偏低,自给率仅为15%,增加玉米产量、提高大豆自给保障能力,成为今后一个时期保障国家粮食安全的重要任务,稳定玉米、大豆播种面积具有战略意义。

另一方面,"旱改水"影响资源环境。"旱改水"对地形、积温等自然地理要素,以及农业水利基础设施要求较高,不合理的空间配置与建设均可能导致水土资源失衡,不利于黑土地保护和利用,造成黑土地质量明显下降。调研中不少农户反映,"改种后,土层板结明显"。此外,水稻种植是高耗水农业,由于地表水灌溉每亩成本达80元,而地下水每亩只要20元,导致黑龙江省等地超过70%的水稻都是井灌稻,地下水过度开采已经造成松嫩平原地下水枯竭,其他地区农田地表干旱加剧。

四、"旱改水"与粮食生产政策调整吻合程度高

我国已经建立了比较完善的农业生产保护体系，粮食生产政策在东北地区执行多年。从调研反映的情况看，"旱改水"与东北地区粮食生产政策变化有密切的联系。农户集中"旱改水"发生在2015—2016年和2017—2019年两个时间段，这两个时期都是东北地区粮食生产政策密集调整的阶段。

第一阶段2015—2016年，稻谷最低收购价稳定上调，玉米收储制度改革、价格波动。2008—2015年这7年间，稻谷最低收购价连续上调，到2015年时，每斤1.55元的价格已是7年前的两倍，2016年虽然其他品种稻谷最低收购价有所下调，但东北粳稻仍保持每斤1.55元的价格水平，农户对水稻最低收购价政策满意度较高，预期价格还将上涨。与此同时，玉米改为市场化收购加补贴制度，引发价格大幅波动，集中售粮季每斤玉米仅卖0.5~0.8元，大批农户在2016年前后改种水田。

第二阶段2017—2019年，大豆目标价格改革试点政策取消，与玉米统筹实施市场化收购和生产者补贴；稻谷最低收购价下调，启动实施水稻补贴。2017年，大豆目标价格试点政策取消，改为与玉米统筹实施生产者补贴，价格逐步与市场接轨，鼓励农户特别是旱田农户改种大豆，增加大豆面积，合理调减非优势产区玉米生产。为了统筹品种间比价关系、实现补贴机制的衔接，国家在补贴额度上向大豆倾斜，2017年东北三省大豆生产者补贴亩均175元，高出玉米20元，2018年亩均比玉米高

100元（表2），这一定程度上激励了农户种植大豆积极性。但国产大豆单产过低，仅为玉米的1/3，尽管生产者补贴是玉米的两倍，但预期收益仍然低于玉米。此外，2018年国家下调粳稻最低收购价并对黑龙江、吉林、辽宁三省实施水稻补贴，当年水稻补贴共计82亿元，加之最低收购价的支持政策明朗，稻谷产量高、收益更加稳定，甚至不少基层同志都反映"只有水稻才能旱涝保收"。因此，东北地区农户在旱田和水田之间仍选择改种水田，特别是玉米种植户又出现改种水稻的小高潮。

表2 2017—2021年东北地区大豆、玉米、水稻生产者补贴标准

（单位：元/亩）

年份	黑龙江			吉林			辽宁		
	大豆	玉米	水稻	大豆	玉米	水稻	大豆	玉米	水稻
2017	173	133	—	264	160	—	159	127	—
2018	320	25	80	375	105	70	197	93	70
2019	255	30	地表水灌溉：133 地下水灌溉：93	265	86	71	276	76	84
2020	255	30	地表水灌溉：133 地下水灌溉：93	265	86	71	276	76	84
2021	238	38	地表水灌溉：136 地下水灌溉：86	—	—	80	215	65	73

注：政府从2017年在东北三省区统筹发放玉米大豆生产者补贴，2021年黑龙江、吉林、辽宁三省玉米大豆生产者补贴额达到408.2亿元，较2017年增加40亿元。自2018年开始对黑龙江、吉林、辽宁三省发放水稻补贴，补贴数量的上限为基期（2016—2018年）稻谷平均产量的85%。

五、"旱改水"与种粮收益变化相关

农户种粮最关心的是收益问题,从调研情况看,相对收益高是引发改种的最直观原因。2015—2016 年,大豆实行的是目标价格制度,当监测市场价格低于目标价格时,将目标价格与市场价格的差价补给大豆实际种植者(张晶,2016),但政策实施以来,价格水平始终不能弥补其比较收益低的劣势,此期间大豆每亩现金收益 380 元左右,玉米现金收益 500 元左右,水稻由于实施稳定的最低收购价政策,亩均收益 700 元左右,对农户来说种植水稻收益最高。2017 年后,大豆与玉米均执行生产者补贴政策,且大豆补贴提高,到 2019 年黑龙江、吉林、辽宁三省大豆亩均补贴比玉米高 200 元左右,大豆种植收益增加。即使这样,大豆由于单产低,效益依然不及玉米,而稻谷市场价格稳定且亩均补贴水平较玉米还高,2019 年黑龙江省自流灌稻谷每亩补贴达到了 133 元、井灌稻谷每亩补贴达到 93 元,水田收益总体仍优于旱田。因此,农户在利益驱动下改种收益较高的水田。

第六章 东北地区农户"旱改水"机理分析

从前文分析可知,东北地区"旱改水"已经持续较长时间,形成了较大的规模,其出现兼具外部制度激励和内部因素驱动两方面原因,那么造成当前"旱改水"的具体原因是什么?它的影响因素有哪些?特别是粮食生产支持政策因素究竟怎样激励"旱改水"持续发生?为此,本研究将对我国"旱改水"影响因素进行分析,以全面厘清"旱改水"影响机制、作用机理。

一、"旱改水"影响因素的理论分析

在剖析"旱改水"影响因素时,吸收前人理论研究的主要成果,将其影响因素解析为外部激励机制和内部驱动因素两个层面,从政府和农户视角,构建"旱改水"形成机制理论模型,以期弄清其作用机理。

1. 外部激励机制

外部激励主要是指政策制度,具体指的是与东北地区"旱改水"有关的农业支持政策,包括稻谷最低收购价政策、大豆与玉米生产者补贴政策。政策是政府干预经济的重要手段之一,对农户农业生产行为的影响主要体现在两方面：一方面是正向激励农户采用有利于生产的行为，如农业补贴、示范指导、政策宣传等；另一方面是通过法律规制约束农户不采纳某项农业生产行为，比如监督考核和采取惩罚措施等（盖豪等，2020）。农业支持政策主要目的是保障农民种粮收益、提高务农积极性，对农户种植行为的影响主要体现在激励方面。但东北地区不同粮食作物执行不同的生产支持政策，政策在功能、质量和绩效方面存在差异（Ho，2014、2016），由此导致农户不同生产行为的分化，使得农户更加倾向于某种生产行为，实际上也起到了抑制另一种行为的作用。在东北地区"旱改水"政策影响因素可以分为以下两类。

一类是技术推广和农田水利设施完善，起到降低改种成本作用。近年来，东北地区积极推进灌区建设、强化流域治理，不断完善设施配套，提供和改善了水源条件。2008 年以来，东北地区积极推进"引嫩入白"工程，新建松原灌区等大型灌区，加快梨树灌区等一批大中型灌区现代化改造。2014 年"三江"联通工程正式列入 172 项节水供水重大水利工程，随后推动松花江、嫩江、图们江、辽河以及重要支流治理，加强病险水库除险加固，打通水系连通主动脉和毛细血管，有效减轻洪涝干旱等危害。同时，强化田间灌排渠系配套，恢复完善排水干渠、支渠，完善骨干输水渠道排水沟和渠系建筑物，扩大了自流灌溉面积，保证了水源条件，有利于低产旱田的改造和水田面积扩张。

另一类是政策补贴措施影响农业生产收益（吴银毫等，

2017；吕新业和胡向东，2017；周静和方福生，2019），主要是指对大豆玉米生产者的补贴，以及稻谷最低收购价政策和水稻补贴。在舒尔茨"理性人"的假定下，农业支持政策效应就是农业支持保护制度框架中农户利益调整的过程，农户通过比较竞争作物之间的比价关系，即预期相对收益的变化，作出生产决策，从而对种植结构调整做出抉择。为此，本研究选择的农户"旱改水"政策影响因素包括"地方政府是否进行相关培训""是否配套灌溉设施""旱田补贴""水田补贴"。

2. 内部驱动因素

除了外部的激励因素，农民的生产决策还受到自身能力因素的影响，统称为内部驱动因素。内部驱动因素很多，在此沿用布尔迪厄的资源禀赋理论框架，将其归为经济资本、社会资本和文化资本。经济资本，是指农户拥有的货币和土地资产，这里用"种粮收益""农业收入在总收入中占比""收入在本村的水平"来表征。社会资本是农户处于某个关系网络或者社会结构之中所能调动的资源量，包含"社会网络""社会信任""社会参与"这几方面，本研究通过设置"是否参与合作社""是否曾经是村干部"等变量进行表征。文化资本主要体现的是农户接受教育的程度，通过农户"受教育程度"变量来表征。此外，农户种植行为还受到个体及家庭特征等因素影响，包括农户性别、家庭劳动力数量、是否外出打工、家庭消费水平等。综上所述，个体的内部驱动因素和政策制度相互作用，对农户的改种行为产生一定的影响。

二、数据、指标说明及模型设定

1. 数据来源与样本特征

本研究所用数据来自课题组 2019 年 6—8 月对东北地区黑龙江、吉林、辽宁三省开展的入户调研。在样本农户选择上，充分考虑地区发展水平、地理区位和相关农业自然资源禀赋等因素，采用分层（地级市）和随机抽样（县镇村）结合的方式确定样本村。黑龙江省抽样分布为哈尔滨市和双鸭山市，辽宁省为沈阳市和铁岭市，再从每个市随机选取 2 个县，每个县随机选取 2～3 个村，根据村落规模随机选取 10～15 个样本户。此外，为保证调研问卷的有效性，课题组在规模调研前，对吉林省吉林市进行了预调研，并根据预调研结果对原始问卷做了调整，预调研数据并未作为最终调研数据进行分析。调研中，调研员一次性集中询问水稻、大豆、玉米生产的各项投入产出、收购价格、农户家庭基本特征等信息，由于部分数据需要填写近 3 年的数值，对农户的要求比较高，加之农户不规律外出务工，使得少量成本收益数据难以准确估算，出现个别的缺失值，因此，在数据分析中，删除了 54 个样本估计值，最后获得 639 个样本量。以下分析中所用数据，均为 639 个样本量。

表 3 展示了样本的分布状态。在个体特征方面，样本农户女性有 54 个，男性有 585 个，女性中进行"旱改水"的占 20%，以男性作为主要劳动力的家庭中进行"旱改水"的比例为 43%，

可见"旱改水"是一项费时费力的工程,劳动工作量大、技术难度较高,以女性为主要劳动力的家庭较难接受。在整个样本农户中,有外出务工经历的有259人,占41%,其中进行"旱改水"的比例为41.7%;没有外出务工经历的农户380人,其中进行"旱改水"的比例为45%,高于有外出务工经历的农户3个百分点。这在一定程度反映出农户收入多元化后农业收入地位下降,而以农业收入为主的家庭更加希望通过调整种植行为增加家庭收益。家庭消费水平越高,改种水稻的比例越高,家庭消费在3万元/年以上的家庭改种水稻的概率比消费水平在1万元/年以下的家庭高13个百分点,同样说明了收益对于改种的重要性。东北地区农户家庭劳动力人数通常为2~3人,而家庭劳动力人数越多改种水稻的比例也越高,详见表3。

表3 农户个体特征与"旱改水"的统计关系分析

个体特征		户数(户)	改水比例(%)
性别	男	585	43
	女	54	20
家庭劳动力	1人	27	43
	2人	285	50
	3人	156	55
	4人	102	59
	5人及以上	69	71

个体特征		户数（户）	改水比例（%）
家庭消费	1万元以下	128	45
	2万元	215	55
	3万元以上	296	58
是否外出务工	是	259	42
	否	380	45

2. 变量说明

本研究主要聚焦论证"旱改水"结构调整的驱动因素和作用机理。第一，针对被解释变量，当农户进行"旱改水"（drywat）时赋值为1，否则为0，在东北地区，有54.46%的农民曾进行过"旱改水"，总体而言，"旱改水"比例较高。第二，针对核心解释变量，考察外部激励机制，也就是政策因素对"旱改水"的影响。本研究选取了4个变量衡量与"旱改水"相关的政策制度，其中，"旱田补贴"（drysub）用于测度玉米与大豆生产者补贴对"旱改水"影响；选取"水田补贴"（ricesub）衡量稻谷最低收购价对"旱改水"的影响。此外，考虑到地方政府其他政策措施的影响作用，本研究选取"地方政府是否进行技术培训"（training）和"是否配套灌溉设施"（dryirr）衡量地方配套政策措施对减少种粮成本的影响。其中，技术培训是农户接受水稻种植技术的政策宣传方式，有利于降低种植水稻的技术成本，从样本情况看，有44.91%的农户接受过各级政府及相关组织关于农业技术的培训，而参与数量越多，政府的宣传鼓励效果越明显，农户越可能选择改种。第三，考察农户资源禀赋的影响，主要包括三大类变量，一是经济禀赋，包括"种粮收益"（benefit）、"家庭农业收入占比"（agriprop），以及"在本村的收入水平"（inclev）。从农户收益看，亩均收益为 1 038.57 元，但存在一定波动性，亩收益从 225 元至 2 240 元不等，正是由于收益的波动，造成了农民"旱改水"的需求。二是社会禀赋，在此用变量"是否加入合作社"（cooper）和"是否担任过村干部"（serv）表征，从样本基本情况看，曾经担任过村干部的比例为 16%，村干部进行"旱改水"的比例为33%，而没有担任过村干部的农户进行"旱改水"的比例为47%，表明担任过村组干部进行"旱改水"的比例远远低于未担任过村干部的农户。三是文化禀赋，通过"受教育程度"（education）进行测度，从样本情况看，农户学历在小学及以下的 186 人，占 29%，初中学历 372 人，占比 58%，接受过大专及以上教育的 27 人，占 4%，反映出农民受教育水平普遍较低。此外，个体特征和家庭特征显著影响农户的改种行为，为了控制其他可能影响农户"旱改水"行为的因素，本研究引入"性别""是否有外出务工经历""家庭劳动力人数""家庭消费"作为控制变量。数据的具体统计特征如表 4 所示。主要变量基本情况如表 5 所示。

表 4 变量解释及赋值情况

影响因素	变量名称	变量代码	变量赋值
"旱改水"	"旱改水"情况	drywat	进行了"旱改水"赋值为1，否则为0
政策因素	旱田补贴	drysub	每亩旱地种植补贴金额
	水田补贴	ricesub	每亩水稻种植补贴金额
	地方政府是否进行技术培训	training	农户参与过培训赋值为1，否则为0
	是否配套灌溉设施	dryirr	有灌溉设施为1，否则为0
经济资本	种粮收益	benefit	实际种植收益情况
	家庭农业收入占比	agriprop	100%为1；80%~99%为2；50%~80%为3；30%~50%为4；30%以下为5
	在本村的收入水平	inclev	低很多为1；偏低为2；中等/差不多为3；高一点为4；高很多为5
社会资本	是否加入合作社	cooper	加入合作社为1，没有加入为0
	是否担任过村干部	serv	是村干部为1，否为0
文化资本	受教育程度	education	小学及以下为1，初中为2，高中为3，大学及以上为4
个人和家庭因素	性别	gender	男性为1，女性为0
	家庭劳动力人数	labnum	实际从事农业生产的劳动力人数
	是否有外出务工经历	workout	有外出务工经历是为1，无为0
	家庭消费	consume	全家人一年消费支出总金额

表 5　主要变量基本情况

变量代码	观测值	均值	标准误差	最小值	最大值
drywat	639	0.54	0.50	0.00	1.00
ricesub	639	63.77	56.39	0.00	212.00
drysub	639	121.95	80.85	0.00	248.01
training	639	0.45	0.50	0.00	1.00
dryirr	639	0.33	0.47	0.00	1.00
lnbenefit	639	6.85	0.42	5.42	7.71
agriprop	639	2.01	1.15	1.00	5.00
inclev	639	2.82	0.80	1.00	5.00
cooper	639	0.24	0.43	0.00	1.00
serv	639	0.15	0.35	0.00	1.00
education	639	1.88	0.73	1.00	4.00
gender	639	0.92	0.28	0.00	1.00
labnum	639	2.90	1.21	1.00	7.00
workout	639	0.41	0.49	0.00	1.00
lnconsume	639	10.48	0.66	8.52	11.58

3. 模型设定

根据研究假设和分析情况，本研究采用 Probit 模型检验东北地区农户"旱改水"行为的影响因素。首先，设定农户进行"旱改水"的因变量为二分类的变量，在此基础上，采用 MLE（最大似然估计）方法对模型进行实证分析。由于本研究采用的是面板数据，所以选用"面板二值选择模型"进行分析。对于被访者的选择行为,即是否进行"旱改水",可以通过一个"潜变量"来表示这一选择行为的净收益。如果被访者的净收益大于0,作为理性人,应该选择进行"旱改水";否则,就不改变自己的种植行为。假设净收益为:

$$y_{it}^* = x_{it}^{'}\beta + u_i + \varepsilon_{it} \tag{1}$$

式(1)中,y_{it}^* 净收益为不可观测的潜变量,u_i 为个体效应,X_{it} 为解释变量。

个体选择为:

$$y_{it} = \begin{cases} 1 & \text{若 } y_{it}^* > 0 \\ 0 & \text{若 } y_{it}^* \leqslant 0 \end{cases}$$

ε_{it} 服从标准正态分布,所以在给定 x,u,β 的情况下,影响农户参与"旱改水"项目的面板二值选择模型为:

$$P(y_{it}=1 \mid x_{it}, \beta, u_i) = P(y_{it}^* > 0 \mid x_{it}, \beta, u_i)$$
$$= P(x_{it}^{'}\beta + u_i + \varepsilon_{it} > 0 \mid x_{it}, \beta, u_i) = P(\varepsilon_{it} > -u_i - x_{it}^{'}\beta \mid x_{it}, \beta, u_i)$$
$$= P(\varepsilon_{it} < u_i + x_{it}^{'}\beta \mid x_{it}, \beta, u_i) = F(u_i + x_{it}^{'}, \beta) \tag{2}$$

式(2)中,$F(.)$ 为 ε_{it} 的累积分布函数,需要假设 ε_{it} 的密度函数关于原点对称。y_{it}^* 表示不可观测的潜变量,y 为可以观测的因变量,在本研究中表示农户参与"旱改水"的行为信息,即进行了"旱改水"或者没有进行"旱改水"。x 为解释变量,分别表示农业政策因素,包括旱田补贴、水田补贴、地方政府是否进行技术培训以及是否配套灌溉设施;资本禀赋要素,包括经济资本(种粮收益、家庭农业收入占比、在本村的收入水平)、文化资本(受教育程度)和社会资本(是否加入合作社、是否担任过村干部)。ε 为随机扰动项，u 为个体效应。

三、农户"旱改水"影响因素分析

由表 6 可知，Logit 模型、稳健性 Logit 模型与 OLS 线性概率模型的稳健性标准误与普通标准误均非常接近，说明模型设定基本正确。进一步对比稳健性 Logit 模型和 Probit 模型估计结果可知，Logit 模型的边际效应、准 r^2 以及正确预测比率与 Probit 模型几乎完全相对，两个模型可视作等价。因此，选择 Probit 模型具有从理论上来说是正确。从 OLS 模型、Logit 模型、稳健性 Logit 模型和面板 Probit 模型的回归结果，结果显示 4 个模型回归结果只在系数大小上有一定差异，在系数的显著性和方向等方面没有明显差异，说明模型估计结果具有较强的稳健性。鉴于数据形式为面板数据，本研究将以面板 Probit 模型估计结果进行分析和解释。此外，在对数据进行回归分析之前，本研究计算了各个变量的相关系数矩阵和膨胀因子情况，以判断所用变量是否有共线性问题。从相关系数矩阵来看，各个变量之间的系数普遍小于 0.3，从膨胀因子结果来看，各个变量之间的膨胀因子全部在 1 与 2 之间，膨胀因子均值为 1.25，可以判定所用变量基本不存在严重的共线性问题。

表 6 农户"旱改水"影响因素分析

影响因素	变量代码	OLS	logit	rlogit	probit
政策因素	ricesub	−0.001 *** (−4.62)	−0.009 *** (−4.24)	−0.009 *** (−4.11)	−0.005 *** (−4.14)

(续表)

影响因素	变量代码	OLS	logit	rlogit	probit
政策因素	drysub	-0.001 *** (-4.97)	-0.007 *** (-4.96)	-0.007 *** (-4.65)	-0.004 *** (-4.98)
	training	0.086 *** (2.67)	0.522 ** (2.37)	0.522 ** (2.49)	0.311 ** (2.42)
	dryirr	0.084 ** (2.34)	0.474 ** (1.99)	0.474 ** (2.04)	0.285 ** (2.07)
经济资本	lnbenefit	0.614 *** (14.81)	3.754 *** (11.20)	3.754 *** (10.23)	2.156 *** (12.19)
	agriprop	0.038 ** (2.40)	0.253 ** (2.50)	0.253 ** (2.42)	0.146 ** (2.52)
	inclev	0.069 *** (3.45)	0.492 *** (3.30)	0.492 *** (3.38)	0.288 *** (3.35)
社会资本	cooper	0.072 * (-1.68)	0.416 (-1.56)	0.416 (1.55)	0.257 * (-1.65)
	serv	-0.094 (-1.55)	-0.709 ** (-2.04)	-0.709 * (-1.87)	-0.385 * (-1.95)
文化资本	education	0.027 (1.10)	0.216 (1.31)	0.216 (1.33)	0.113 (1.18)
个人和家庭因素	labnum	0.036 *** (2.78)	0.236 ** (2.42)	0.236 ** (2.48)	0.136 ** (2.43)
	workout	0.077 ** (2.25)	0.563 ** (2.57)	0.563 ** (2.51)	0.326 *** (2.58)
	lnconsume	-0.005 (-0.20)	-0.072 (-0.41)	-0.072 (-0.40)	-0.017 (-0.16)
	_cons	-3.544 *** (-9.36)	-24.581 *** (-8.65)	-24.581 *** (-8.76)	-14.408 *** (-9.05)
	N	639	639	639	639
	r^2	0.365			

第六章 东北地区农户"旱改水"机理分析

(续表)

影响因素	变量代码	OLS	logit	rlogit	probit
	r^2_a	0.351			
	F	42.048			

注：* 表示 $p<0.1$，** 表示 $p<0.05$，*** 表示 $p<0.01$。

1. 政策因素对"旱改水"行为的影响分析

如表 5 所示，旱田补贴、水田补贴、技术培训以及配套灌溉设施 4 个变量均十分显著，其中旱田补贴、水田补贴、技术培训在 1% 的水平上显著，配套灌溉设施在 5% 的水平上显著，表明政策制度对农户"旱改水"行为具有显著影响。特别是玉米与大豆生产者补贴对农户"旱改水"有明显负向影响，玉米生产者补贴标准减少，而大豆补贴标准水平较低，不能获得预期收益，极大推动农户改种水稻。与此同时，政府的技术培训以及农田水利设施条件的改善，在一定程度上降低了农户改种的技术难度，节约了投入成本，对农户"旱改水"发挥了明显的正向激励作用。值得注意的是，在 4 项政府制度当中，技术培训和农田水利设施改善的边际效应更高，说明与农业生产补贴相比，农业技术示范，以及实施高标准农田、农田水利等基础设施建设和提升工程对提高农民种粮积极性效果更为明显。

2. 农户资本禀赋对"旱改水"行为的影响分析

经济禀赋的 3 个变量均显著影响农户"旱改水"行为。其中，农户"种粮收益"在 1% 的水平上对改种水田具有显著的正向影响，表明收益情况是决定农民是否进行"旱改水"的主要决定因素。同时，以农业收入为主的农户在本村的收入水平对改种水田具有显著的正向影响，说明农业收入占比较高的家庭对农业生产经营更加看重，对农业产出就会越重视，更加希望通过改种水稻提高收益。从经济学上来说，每一个农户都是理性人，"旱改水"的收益越大，他们改种的动力越大，通过种植结构调整改善收入水平的意愿越强，进行"旱改水"的可能性就越大。

社会禀赋的2个变量，"是否加入合作社"和"是否曾担任村干部"均在10%水平上对改种水田具有显著影响。其中，曾经是村干部对进行"旱改水"具有显著的负向影响，说明曾经担任过村干部的农户进行"旱改水"的意愿较低。村干部作为政府基层的代表有更多机会参与县、乡、村的经济社会活动，对各类国家政策以及农业技术服务信息获取的及时性以及掌握程度都强于普通农户，因此，他们对国家粮食安全战略更加了解，对政府的决策意图更加明晰，农业生产决策更符合国家的政策方向。同时，村干部要起到示范带头作用，严格落实国家农业政策的积极性更高，盲目改种行为发生的概率较低。相比之下，加入农民合作社对农户改种水稻有正向的促进作用，这是因为农民合作社作为农业组织通过标准化生产、内部监督、技术服务等机制提高产业链资源配置效率，发挥要素规模优势，节省了农户生产成本，农户还能获得更多的种植分红，因此加入合作社的农户更加倾向于实施"旱改水"。

文化资本的衡量变量"受教育程度"对"旱改水"的影响

并不显著，一方面说明农户学历水平普遍较低，教育程度的影响甚微，另一方面也说明"旱改水"主要受到经济和社会因素驱动，文化因素要在农户行为上起作用尚需时日加以引导。

此外，其他个人和家庭因素也显著影响农户"旱改水"。"家庭劳动力人数"对农民进行"旱改水"具有显著的正向影响。"旱改水"前期改造水田的劳动量很大，后期种植、田间管理的任务也很重，虽然水稻耕种收全程机械化率已经达到80%，但是主要作业环节之间的机械化水平差距很大，水稻机插率仅为50%左右，主要还是依靠人力完成，如果家庭劳动力较少，就不能满足改种过程中的劳动需要，花费较大的成本雇工显然会显著影响改种的收益。此外，务农劳动力人数越多，家庭收入依赖农业生产的程度越深，因而提高收益的需求也就更加迫切。因此，"家庭劳动力人数"对改种水稻存在正向显著影响。

四、稳健性检验

1. Hausman 检验

从表7可以看出，实证检验结果表明 $chi2(13) = (b-B)'[(V\_b-V\_B)^{(-1)}](b-B) = 126.22$，强烈拒绝了混合 Probit 回归，因此应该采用随机效应面板 Probit 估计，而且随机效应面板 Probit 的回归结果在性质上来看，与随机效应面板 Logit 相似。因此，最终选择随机效应面板 Probit 的回归是正确的。

表7 Hausman 检验

变量	(b) RE	(B) POOLED	(b-B) Difference	sqrt [diag (V_ b- V_ B)] S.E.
lnbenefit	4.292	2.132	2.160	1.425
gender	2.586	0.189	2.775	1.740
serv	3.449	0.408	3.041	1.846
education	0.885	0.107	0.778	0.691
labnum	1.782	0.132	1.651	0.434
workout	4.307	0.356	3.952	0.980
agriprop	1.800	0.156	1.644	0.562
inclev	2.768	0.261	2.507	0.785
lnconsume	0.688	0.014	0.673	0.702
training	0.248	0.278	0.029	1.035
ricesub	0.022	0.005	0.017	0.008
drysub	0.014	0.004	0.010	0.006
cooper	2.763	0.261	2.502	2.194

2. 个体异质性检验

标准的 Probit 模型一般假设随机扰动项为同方差，其原假设 H_0 为：

$$P(y_i = 1 \mid x_i) = \varphi(\frac{x_i'\beta}{\sigma}) \tag{3}$$

式（3）中，扰动项的标准差 $\sigma = 1$。而异方差的假设 H_1 为：

$$P(y_i = 1 \mid x_i) = \varphi(\frac{x_i'\beta}{\sigma_i}) \tag{4}$$

但是，$\sigma_i^2 = Var(\varepsilon_i)$。然后，可以假设 σ_i^2 依赖于外生变量 $z = (z_1, z_2, z_3, \cdots, z_n)$，因此，可以得到：

$$\sigma_i^2 = exp\ (z_i'\delta) \tag{5}$$

此处外生变量 z 是可以与自变量有重叠部分的。对式（5）两边取对数，就可以得到：

$$ln\sigma_i^2 = z_i'\delta \tag{6}$$

在异方差的替代假设下，也可以写出似然函数，同时估计式（4）和式（6）。

使用 Stata 估计结果显示，似然比检验的 P 值为 0.21，因此可以接受同方差的检验。

3. 模型预测准确度检验

最后，对随机面板 Probit 模型的预测准确率进行分析，发现面板 Probit 模型的预测准确率为 77.62%，预测准确率较高，能够对调研数据进行有效分析。

五、研究结论

基于上述分析，可以得到以下结论：一是农户"旱改水"主要受到政策因素的影响，不同品种作物补贴导致的收益差距是激励农户"旱改水"的主要原因，大豆玉米补贴减少激励了农户改种水田，水稻补贴上升也对改种有显著影响，反映出加强农业生产扶持是调动农民种粮积极性的重要途径。特别需要关注的是农田基础设施改善和示范培训在提升粮食生产能力方面的积极影响。二是农户自身的资本禀赋也是决定"旱改水"的重要因素。一方面,种粮收益是影响"旱改水"的关键因素,尤其是当农业经营收入是家庭收入主要来源,在收入水平较低时,更容易在利益的驱使下进行种植结构调整。另一方面,农户拥有的社会资源对"旱改水"有重要的推动作用。加入合作社带来的规模效应一定程度上促进了农户种植行为调整,而曾经作为村干部的经历,让农户有更多的机会接触到国家政策制度方面的信息和资源,从而更有利于落实国家粮食安全战略,实施合理的生产行为。这也反映出培育壮大种粮规模经营主体、提高社会化服务水平对调动农民种粮积极性的重要性。三是家庭劳动力人数也会影响农民进行"旱改水"的决策。如果家庭劳动力不足,依靠雇工来进行生产,相应农业收益会受到影响,从而影响种植行为的调整,这从侧面反映出提高农业机械化水平,加快机具创制和应用对农业生产的重要意义。

第七章　东北地区"旱改水"影响分析

从上文分析可知,农业生产支持政策是农户"旱改水"的重要驱动因素。从2016年玉米收储制度改革为生产者补贴政策,到2017年大豆目标价格制度改为生产者补贴政策,并统筹安排玉米大豆生产者补贴,再加上不断完善的稻谷最低收购价政策,这一系列过程和环节的集合即农业支持政策改革对农户种植结构调整的影响机制。本章将主要围绕评估农业保护和支持政策的效果展开,聚焦东北地区"旱改水"影响的分析,进一步明确在政策因素作用下"旱改水"对农户种粮收益、资源环境产生了哪些影响。

一、模型、变量和数据

2017年,国家在东北地区试行大豆生产者补贴,并将资金纳入玉米生产者补贴资金发放渠道。为鼓励大豆种植,大豆生产者补贴标准原则上高于玉米,但两项补贴在基本原则、补贴范围以及补贴标准的制定等方面均趋于一致,从而实现了大豆与玉米补贴机制相衔接,确立了市场化收购和生产者补贴的制度。为了尽可能控制其他补贴政策的干扰,保证生产者补贴政策冲击的唯一性，本研究将样本区间设置为 2016—2018 年，其中，2016 年开始执行玉米生产者补贴，2017 年开始实施大豆生产者补贴政策，2017 年以后玉米与大豆生产者补贴制度建立。因此，为了准确考察政策改革的效果，在本章的研究中，以 2017 年作为时间分割点，该年东北地区"旱改水"的农户作为处理组，没有进行"旱改水"的农民作为对照组，通过双重差分模型（DID）研究改种前后处理组和对照组收益水平的差异以及差异的主要来源，对"旱改水"影响进行分析。本章的实证选用 DID 模型主要是基于东北地区"旱改水"的实践，通过截面维度的差分将被解释变量的共时性问题消除，通过时间维度的差分将被解释变量不随时间变化的因素消除（阮荣平等，2020），最后获得"旱改水"项目的净政策效果，进而对政策影响的因果性效应进行识别，也为后续提出农业支持政策改革思路提供借鉴。

1. 模型设置和变量

DID 模型是通过处理组在政策前后的差分，获得政策效应和时间效应，通过控制组在政策前后的差分获得时间效应，然后再用处理组与控制组进行差分，去除相对的时间效应，得到净的政策效应。DID 估计方程式可以设定为：

$$y_{it} = \beta_0 + \beta_1 \text{treated}_i + \beta_2 \text{post}_t + \beta_3 \text{treated}_i \times \text{post}_t + \beta_4 x_{it} + \varepsilon_{it} \quad (7)$$

式（7）中，y_{it} 是因变量，表示改种水稻的收益。根据 DID 模型设计的要求，为了更好地估计"旱改水"的净效应，一般需要设定两个虚拟变量及其交乘项，一个虚拟变量代表政策的影响，另一个虚拟变量代表政策发生的时间，这样二者交乘项的系数，即 DID 的结果，就可以表示净的政策效果。因此，在式（7）中，treated 表示处理组农户和控制组农户的虚拟变量，如果 treated=1，表示 2017 年以后农户进行"旱改水"，β_1 表示处理组与参与组的平均差异大小。post 表示时间虚拟变量，2017 年及以后设定 post=1，β_2 表示"旱改水"政策试行前后的平均差异。在此基础上，交互项 $treated_i \times post$ 前面的系数 β_3 就可以表示政策效应。x_{it} 表示本研究所有其他的控制变量，主要包括被访者的年龄、性别、是否为村干部、家庭劳动人数、是否有外出务工经历、是否参与了政府举办的农业技术培训、农业收入占比、受教育情况等内容。

2. 数据来源

根据前文对于变量选取的分析，本部分研究所涉及的变量包括被解释变量"农户种粮收益"，以及用于衡量资源消耗和环境污染的变量"化肥投入量"，主要解释变量包括农户是否改种水稻、改种年份、年龄、性别、农业收入占比、受教育程度、是否为村组干部、收入水平和农业劳动参与人数等，以及玉米和大豆比价、稻谷价格、农田水利设施配套等其他变量。如第六章所描述，以上数据均通过调研获取，参与调研的被访者共有 213 人，所有被访者数据均包含 2016—2018 年的数据。

二、"旱改水"对种粮收益的影响

从第六章分析结论看,农业生产支持政策对"旱改水"有显著的影响,稻谷收购价提高促进了农户选择改种,而玉米与大豆补贴的减少对农户改种也有明显的激励效果。但现有的研究结论对于改种后产生的实际效果,目前还没有形成统一的结论。在农业生产政策作用下,农户改种后究竟是增加了收益,还是由于盲目改种并没有达到增产增收的效果,尚缺乏实证分析加以佐证。本部分就将聚焦"旱改水"对种粮收益的影响,实证分析农户收益的变化情况。

1. 变量选择

本研究所涉及的变量包括:①被解释变量,农户种粮收益,用农户改种前后实际亩均收益表示。②核心解释变量包括生产者补贴政策,利用大豆与玉米生产者补贴政策实施时点的虚拟变量交互项(treated$_i$×post)表征。是否改种水田(treated),此变量为0、1变量,农户进行"旱改水"用1表示。post表示生产者补贴政策实施时点的虚拟变量,当t≥2017时,post取值为1,反之取0。③控制变量包括以下几类,一是稻谷价格。从第六章分析结论可知,玉米、大豆和稻谷是东北地区主要竞争作物,稻谷价格支持政策也影响到农户种植决策,本研究选取了稻谷价格变量来控制最低收购价政策的干扰。二是旱田价格。借鉴王新刚等(2021)的研究,由于大豆玉米生产者补贴统筹发放，农户大多会调整这两种作物的种植结构以实现利润最大化，为此将大豆与玉米价格引入模型。三是政府其他支持措施。从第六章分析结论可知，地方政府修建农田水利设施减少了种植成本，也会对收益产生一定影响，将旱田是否配套灌溉设施作为控制变量引入。四是农户的资源禀赋，包括农户农业收入占比、耕地面积、是否为村干部、受教育程度等。最后还引入了表征农户个人和家庭特征的相关变量，如年龄、性别、家庭劳动力数量等。变量解释及赋值情况如表 8 所示。

表 8 变量解释及赋值情况

变量名称	变量代码	变量赋值
种粮收益	benefit	实际种植收益情况
是否改种	treated	实验组为 1，处理组为 0
是否在 2017 年及以后进行"旱改水"	post	2017 年及以后进行"旱改水"取值为 1，否则为 0
稻谷价格	riceprice	稻谷的实际出售价格
旱田价格	drylandprice	玉米、大豆的实际出售价格
旱田是否有灌溉设施	dryirr	有灌溉设施为 1，否则为 0
农业收入在所有收入里的比例	agriproportion	100%为 1；80%~99%为 2；50%~80%为 3；30%~50%为 4；30%以下为 5
耕地面积	inarea	实际耕地面积的对数
是否为村干部	serv	是为 1，否为 0
受教育程度	education	小学及以下为 1，初中为 2，高中为 3，大学及以上为 4
被访者年龄	age	实际年龄
被访者性别	gender	男性为 1，女性为 0
家庭农业劳动力人数	agriculturenum	实际产于农业生成的劳动力人数

(续表)

变量名称	变量代码	变量赋值
家庭消费	lnconsume	对家庭年度消费取对数

2. 描述性统计

表9给出了选取变量的统计特征,不难看出"旱改水"农户种粮收益均值明显高于没有进行"旱改水"的农户,改种起到增收作用。此外,改种水稻的农户其种植旱地作物的销售价格低于未进行"旱改水"农户,说明其种植大豆、玉米的价格水平相对较低,而且"旱改水"农户灌溉条件好于总体水平,耕地面积高于总体水平,受到教育水平也高于总体水平。

表9 变量的统计性描述

变量名称	总样本		非试验区		试验区	
	均值	标准差	均值	标准差	均值	标准差
种粮收益	6.846	0.421	6.634	0.263	7.024	0.446
水稻价格	1.366	0.091	1.370	0.078	1.363	0.100
旱地价格	0.664	0.114	0.678	0.112	0.652	0.114
是否有灌溉设施	0.298	0.458	0.293	0.456	0.302	0.460
农业收入占比	2.009	1.147	2.192	1.245	1.856	1.036
耕地面积	4.288	1.243	3.938	1.405	4.581	1.001
是否为村干部	0.147	0.354	0.165	0.372	0.132	0.339
受教育程度	1.878	0.728	1.818	0.708	1.929	0.743

(续表)

变量名称	总样本		非试验区		试验区	
	均值	标准差	均值	标准差	均值	标准差
年龄	49.271	10.542	51.392	10.372	47.497	10.367
性别	0.915	0.278	0.876	0.330	0.949	0.222
家庭劳动人数	1.953	0.711	1.849	0.647	2.040	0.750
家庭消费	10.480	0.663	10.392	0.705	10.554	0.617

3. "旱改水"对种粮收益和影响实证分析

为准确评估生产者补贴对种粮收益的影响，进一步控制玉米大豆价格、稻谷价格、其他政策因素，以及农户禀赋特征，采用双向固定效应对 DID 模型进行估计，表 10 给出了基于式（7）DID 模型的估计结果。"旱改水"以后农户种粮收益有所提高。具体来说，改种水田后对种粮收益的影响在 1% 的显著性水平上显著，同时，政策变量系数为正，说明 2017 年以后生产者补贴政策的实施推动东北地区农户"旱改水"，有利于增加农户种粮收益，亩均提高约 700 元。从实证结果来看，尽管东北地区"旱改水"具有较大的盲目性，许多地方不惜一切代价推动旱田改种水稻，但从改种后的效果看，的确带来了农户收益的增加，具有显著经济意义。结合调研分析，原因主要有两方面。一方面，2017—2019 年东北地区气象灾害发生较重，造成玉米、大豆减产明显，水田受自然灾害影响较小，产量相对稳定。另一方面，2017 年是大豆生产者补贴实行的第一年，玉米生产者补贴也刚刚执行两年，虽然大豆补贴标准高于玉米，但农户对于大豆生产者补贴政策的持续性和补贴水平持怀疑态度，同时玉米补贴不断调减，2018 年黑龙江玉米生产者补贴同比减少 80%，吉林、辽宁同比减少 30%左右，而水稻在销售价格上又远高于玉米，故而，农户在大豆补贴标准不确定性大、产量低，玉米降价减产的情况下纷纷转向种植水稻。

表 10 "旱改水"对种粮收益的影响

变量代码	模型 1	模型 2	模型 3	模型 4
gd	0.714***	0.714***	0.658***	0.665***
	(22.69)	(22.73)	(25.41)	(25.49)
treated	−0.093***	−0.091***	−0.030	−0.022
	(−2.76)	(−2.69)	(−1.08)	(−0.81)
t	0.088***	0.087***	0.051**	0.054***
	(3.80)	(3.76)	(2.55)	(2.67)
age		0.001	−0.003**	−0.004***
		(0.47)	(−2.41)	(−3.18)
gender		0.098**	0.130***	0.170***
		(2.06)	(3.37)	(4.38)
agrnum		0.023	0.002	0.005
		(1.20)	(0.12)	(0.34)
lnconsume		−0.063***	−0.042**	−0.042**
		(−2.79)	(−2.33)	(−1.23)
ricepr			0.559***	0.535***
			(6.11)	(5.87)
cornpr			1.321***	1.241***
			(16.80)	(15.39)

(续表)

变量代码	模型1	模型2	模型3	模型4
dryirr			0.005	-0.004
			(0.27)	(-0.23)
agriprop				0.003
				(0.29)
lnarea				-0.035***
				(-3.18)
serv				0.030
				(0.90)
education				-0.003
				(-0.16)
_cons	6.578***	7.068***	5.406***	5.431***
	(264.18)	(25.54)	(20.20)	(20.65)
N	639	639	639	638

注：$*p<0.1$，$**p<0.05$，$***p<0.01$。

三、"旱改水"对资源环境的影响

一个国家（或地区）的农业发展模式在很大程度上取决于其资源禀赋条件。近年来，我国资源环境约束日益加剧。耕地总量少，质量总体不高，后备资源不足，人均耕地面积仅1.4亩，不及世界平均水平的一半，随着工业化、城镇化快速推进，每年还将减少优质耕地300多万亩。同时，水资源与耕地资源分布不匹配，北方耕地缺水更严重，甚至已经建成的高标准农田都没有灌溉设施，这就使得我国农业生产更加依赖于化肥等生物化学技术提高产出。而农业生产中的化肥高量投入，加剧了资源消耗和环境污染问题（魏后凯，2017），不利于水土资源保护，成为当前粮食等重要农产品供给面临的极大困难和挑战，对巩固提升粮食生产能力极为不利。资源环境问题，同样在东北地区"旱改水"后集中反映出来。基层农户普遍反映改种水田后土壤板结明显，黑土地地力有所下降，对改后耕地质量表示担忧。同时，从现有的研究看，学者对"旱改水"造成资源环境的破坏，也形成了较为一致的认识。在本部分，将聚焦"旱改水"对资源环境的影响，通过考察改种前后农田化肥施用量的变化，对资源环境的影响给出定量的分析和判断。

1. 变量选择

本部分研究所涉及的变量包括：①被解释变量，单位面积化肥投入，用农户每亩化肥施用量折现表示。②核心解释变量包括生产者补贴政策，利用大豆与玉米生产者补贴政策实施时点的虚拟变量的交互项（$treated_i \times post$）表征。是否改种水田（treated），此变量为 0、1 变量，农户进行"旱改水"用 1 表示。post 表示生产者补贴政策实施时点的虚拟变量，当 t ≥ 2017 时，post 取值为 1，反之取 0。③控制变量的选取和前文相同，包括稻谷价格、大豆与玉米价格比、是否配套灌溉设施、农户的资源禀赋以及农户个人和家庭特征的相关变量等。变量解释及赋值情况如表 11 所示。

第七章 东北地区"旱改水"影响分析

表 11 变量解释及赋值情况

变量名称	变量代码	变量赋值
单位面积化肥投入	fertilizer	每亩化肥施用量折现
是否改种	treated	实验组为 1,处理组为 0
是否在 2017 年及以后进行"旱改水"	post	2017 年及以后进行"旱改水"取值为 1,否则为 0
稻谷价格	riceprice	稻谷的实际出售价格
旱地作物价格	drylandprice	玉米的实际出售价格
旱田是否有灌溉设施	dryirr	有灌溉设施为 1,否则为 0
农业收入在所有收入里的比例	agriproportion	100%为 1;80%~99%为 2;50%~80%为 3;30%~50%为 4;30%以下为 5
耕地面积对数	lnarea	实际耕地面积的对数
是否为村干部	serv	是为 1,否为 0
受教育程度	education	小学及以下为 1,初中为 2,高中为 3,大学及以上为 4
被访者的年龄	age	实际年龄
性别	gender	男性为 1,女性为 0
家庭农业劳动力人数	agriculturenum	实际从事农业生产的劳动力人数
家庭消费的对数	lnconsume	对家庭年度消费取对数

2. 描述性统计

表 12 给出了选取变量的统计特征,不难看出"旱改水"的农户其亩均化肥投入要高于没有进行"旱改水"的农户,改种农户的化肥使用量增加,可能对资源环境造成更大的压力。

表 12 变量的统计性描述

变量名称	总样本		非试验区		试验区	
	均值	标准差	均值	标准差	均值	标准差
单位面积化肥投入	4.932	0.261	4.932	0.233	4.931	0.282
水稻价格	1.366	0.091	1.370	0.078	1.363	0.100
旱地价格	0.664	0.114	0.678	0.112	0.652	0.114
是否有灌溉设施	0.298	0.458	0.293	0.456	0.302	0.460
农业收入占比	2.009	1.147	2.192	1.245	1.856	1.036
耕地面积	4.288	1.243	3.938	1.405	4.581	1.001
是否为村干部	0.147	0.354	0.165	0.372	0.132	0.339
受教育程度	1.878	0.728	1.818	0.708	1.929	0.743
年龄	49.271	10.542	51.392	10.372	47.497	10.367
性别	0.915	0.278	0.876	0.330	0.949	0.222
家庭劳动人数	1.953	0.711	1.849	0.647	2.040	0.750
家庭消费	10.480	0.663	10.392	0.705	10.554	0.617

3. "旱改水"对种粮收益和影响实证分析

表 13 给出了基于式（7）DID 模型的农户化肥投入量的估计结果。模型 1 至模型 4 在控制个体和家庭特征变量基础上，逐步增加政策变量和资源禀赋变量得到估计结果。不难发现，生产者补贴政策对单位面积化肥用量的影响均在 1% 的显著性水平上显著，说明模型估计结果具有良好的稳健性。同时，政策变量的系数为正，说明农户改种水田后显著增加了单位面积化肥施用量，亩均增加 4 元左右，根据实证测算"旱改

水"的农户每亩化肥投入为143.3元,而不进行种植调整每亩化肥投入139.1元。据此,本部分从实证角度论证了"旱改水"对东北地区资源环境产生较为负面的影响,对资源环境造成了压力。归结起来,"旱改水"对资源环境的影响主要有两个方面,一方面影响耕地质量。东北地区农户"旱改水"多属于缺乏规划的盲目改种,忽略了地理环境、地质气候条件、经济社会发展等因素,不少地区甚至出现湿地改水田的情况,阻碍了耕地资源保护。同时,由于耕地性质发生变化,改种头两年收益受到影响,农户通常采取追加施肥量的方法提升地力,引起黑土地地表盐碱化和硬化,影响耕地质量。另一方面,造成地下水资源严重亏缺。由于盲目改种选址不当,不少改种地区根本不具备水利条件,加之地表水灌溉亩均成本比地下水高3倍多,农户通常采用打井抽取地下水方式灌溉农田,一亩稻田用水量多达300米^3,导致区域地下水位明显降低。从基层反映的情况看,"过去黑龙江地区打井几米深就出水,现在打井都要40~50米甚至80米才见水",区域水分亏缺量增加,导致生态环境风险加大。

表13 "旱改水"对化肥施用量的影响

变量代码	模型1	模型2	模型3	模型4
gd	-0.071***	-0.071***	-0.084***	-0.080***
	(-3.63)	(-3.64)	(-4.37)	(-4.14)
treated	0.054	0.054	0.070**	0.084**
	(1.59)	(1.56)	(2.08)	(2.53)

（续表）

变量代码	模型1	模型2	模型3	模型4
t	0.147***	0.143***	0.114***	0.115***
	(10.19)	(9.82)	(7.50)	(7.58)
age		0.002	0.001	−0.001
		(1.23)	(0.38)	(−0.34)
gender		0.001	0.006	0.058
		(0.02)	(0.10)	(1.00)
agrnum		0.036	0.034	0.032
		(1.53)	(1.52)	(1.42)
lnconsume		0.006	0.003	0.021
		(0.22)	(0.10)	(0.78)
ricepr			−0.171**	−0.184**
			(−2.17)	(−2.33)
compr		−0.042**	0.386***	
			(5.70)	(5.32)
dryirr			0.008	0.008
			(0.52)	(0.50)
agriprop				0.048***
				(3.13)
lnarea				−0.020*
				(−1.76)
serv				−0.033
				(−0.69)
education				−0.015
				(−0.62)
_cons	4.831***	4.590***	4.690***	4.561***
	(190.58)	(13.48)	(13.07)	(12.90)
N	639	639	639	639

注：* $p<0.1$，** $p<0.05$，*** $p<0.01$。

四、研究结论

基于上述 DID 模型的分析,可以得到以下结论:一是受大豆与玉米生产者补贴政策影响,农户"旱改水"后种粮收益显著增加。虽然东北地区"旱改水"具有自发性和盲目性,但是经济收益增加是不争的事实。农民种地看效益,这也反映出农户之所以持续不断改种水田,收益高是极大的推动因素。因此,要调整种植结构,实现稳定玉米和扩种大豆油料的目标,关键还是要让农民种粮有钱赚。二是"旱改水"后单位面积用肥量增加,对资源环境造成破坏。虽然种植水田增加了收益,但亩均用肥量明显增加,对耕地资源的损害显而易见。随着耕地资源建设和保护工程的实施,农户对耕地资源保护的意识逐渐增强,耕地质量提升也成为农户改种的一个关键考虑因素。耕地质量是粮食生产的根基,耕地质量高,粮食产量也随之提高,对农户的收益会形成正向影响。今后在政策制定中要突出抓好耕地这个命根子,加强中低产田改造,推动水利和灌溉设施配套,提高种植旱田的产量,消减盲目改种的趋势。

第八章　东北地区农户持续"旱改水"机理分析

由前文分析可知，东北地区"旱改水"主要受到外部政策因素和农户内在资本禀赋两方面因素的共同作用，并且对农民收益和资源环境等产生了较大影响。"旱改水"增加农户种粮收益，但是单位面积用肥量却大幅增加，对耕地质量产生负面影响，同时地下水资源消耗量大，造成了资源环境的破坏。当前，我国粮食供给总体有保障，但是结构性问题仍然突出，特别是饲料粮仍然是需求增长的大头，必须持续提升粮食综合生产能力，扩大大豆和油料生产，稳定玉米产量，确保玉米自给率保持在 90% 以上，大豆自给率稳步提升。为此，中共中央、国务院不断强化粮食等重要农产品生产扶持政策，稳步提高稻谷、小麦最低收购价，保障粮食生产成本，同时稳定玉米与大豆生产者补贴、稻谷补贴政策。在此背景下，如果东北地区"旱改水"趋势不减，势必会进一步减少旱田的面积，不合理扩大水稻种植，造成资源的过度消耗浪费，对国家粮食安全战略的实施产生不利影响，从长远看不利于保障粮食生产能力提升。那么，东北地区"旱改水"还会大规模持续发生吗？究竟哪些因素直接影响了农户继续选择"旱改水"的决策呢？在本章将沿

第八章 东北地区农户持续"旱改水"机理分析

用第六章的分析框架对东北地区是否持续"旱改水"的机理做进一步探讨,以期对未来的种植结构调整形势作出预判。

一、持续"旱改水"影响因素的理论分析

沿用第六章剖析"旱改水"影响因素的机理框架,将影响农户持续"旱改水"的因素解析为外部激励机制和内部驱动因素两个层面。但是特别注意,是否持续"旱改水"除了受到农户对当前农业生产支持政策绩效、功能、满意度等方面表现综合判断的影响,还与农户对农业支持政策的期望有关。农户会根据政策执行情况对该制度产生的长远效益进行判断和评价(俞振宁,2018),以此作为依据决定是否持续采取"旱改水"。因此在测度政策因素的影响时,有必要增设制度预期的指标。此外,在农户资本禀赋指标的选择上,仍然沿用了经济资本、社会资本和文化资本,但在具体测度指标上有所调整。

1. 外部激励机制

影响东北地区持续"旱改水"有关的农业支持政策,包括稻谷最低收购价政策、大豆玉米生产者补贴政策。在考察东北地区农户持续"旱改水"影响因素方面,设置"旱田补贴额""水稻最低收购价水平是否合理",以及"改种后是否会对耕地质量产生影响"3个问题用以衡量农户对大豆与玉米生产者补贴和水稻最低收购价政策的满意度、实际效果和功能;设置"是否建设配套农田水利设施"考察农业农村基础设施政策效果的

影响;同时,设置"合理的最低收购价水平"用以考察农户对农业支持政策预期。

2. 内部驱动因素

对农户内部驱动因素研究仍沿用第六章所述的布尔迪厄资源禀赋理论框架,将其归为经济资本、社会资本和文化资本。具体设置如下指标,经济资本同时使用货币资本和土地资本变量表征,设置"收入在本村的水平""耕地面积"两个指标,并将耕地面积进一步细分为"旱地块数""水田块数""旱田自评分数""水田自评分数",共计6个变量。社会资本通过设置"是否加入合作社"和"周边人及亲戚是否'旱改水'"2个变量进行表征。文化资本仍然用农户"受教育程度"来表征。此外,农户种植行为还受到个体及家庭特征等因素影响,包括"年龄""是否有外出务工经历""是否为党员""家庭消费水平"等。

二、模型构建和指标说明

1. 模型构建

根据研究假设和分析情况,本研究采用 Logit 模型来检验东北地区"旱改水"农户参与行为的影响因素分析。首先,设定农户"旱改水"意愿的因变量为二分类的变量,所以可以采用 Logit 模型,并在此基础上,采用 MLE(最大似然估计)方法对模型进行实证分析。对于被访者的选择行为,即是否进行"旱改水",可以通过一个"潜变量"来表示这一选择行为的净收益。如果被访者的净收益大于 0,作为理性人,应该选择参与这一项目;否则,就不应该参与。假设净收益为:

$$y^* = x'\beta + \varepsilon \tag{8}$$

其中,y^* 净收益为潜变量,不可观测;x' 为解释变量。该式也可以被成为"指数函数"。农户"旱改水"的选择行为可以表示为:

$$y = \begin{cases} 1, & \text{若 } y^* > 0 \\ 0, & \text{若 } y^* \leq 0 \end{cases} \tag{9}$$

其中,在给定 x、ε 的情况下,影响农户"旱改水"意愿的面板二值选择模型表示为:

$$P(y=1|x) = P(y^*>0|x) = P(x'\beta+\varepsilon>0|x) = P(\varepsilon>-x'\beta|x) \tag{10}$$

如果进一步假设,ε 服从逻辑分布,则

$$P(y=1|x) = P(\varepsilon>-x'\beta|x) = P(\varepsilon<x'\beta) = F_\varepsilon(x'\beta) \tag{11}$$

其中,$F_\varepsilon(\cdot)$ 为 ε 的累积分布函数,而且公式(11)用到了密度函数关于原点对称的性质。

2. 指标说明

本章主要聚焦论证农户持续进行"旱改水"农业生产结构调整的影响因素。第一,针对被解释变量,用农户是否持续"旱改水"刻画,如果选择改种水稻,定义为 1,否则为 0。第二,针对核心解释变量,一类是政策因素的影响。本节用"旱田补贴额""水稻最低收购价水平是否合理""改种后是否会对

耕地质量产生影响""合理的最低收购价水平"4个变量衡量大豆与玉米生产者补贴和水稻最低收购价政策的效果功能、满意度和预期，选用"配套农田水利设施"来表征其他政策措施对"旱改水"的影响。其中，对稻谷最低收购价比较满意取值为1，对稻谷最低收购价不甚满意取值0；改种后对耕地质量没有影响取值为0，有影响赋值为1。第三，针对另一类核心解释变量农户资本禀赋，具体如下：经济资本，选用"收入在本村的水平"（最低水平=1，较低水平=2，中间水平=3，较高水平=4，最高水平=5）、"耕地面积""旱地块数""水田块数""旱田自评分数""水田自评分数"6个指标进行测度。社会资本，选用"是否加入合作社"（是=1，否则=0）和"周边人及亲戚是否'旱改水'"（基本没有=1，少有人改=2，有一些人改=3，很多人改=4，基本都改了=5）2个变量进行表征。文化资本，选取农户"受教育程度"（小学及以下=1，初中=2，高中=3，大专及以上=4）来表征。此外，农户个体的一些特征因素也会对其农业生产行为产生影响，主要有：受访者"年龄""是否有外出务工经历"（没有外出务工经历=0，有外出务工经历=1）、是否为党员（非党员=0，党员=1）和"家庭消费水平"等。以上变量的描述性统计如表14所示。

表14 影响农户持续"旱改水"的变量含义及描述性统计

变量代码	变量定义	均值	标准差	观测值	最小值	最大值
expria	是否持续"旱改水"	0.498	0.5	639	0	1
lncs	旱田补贴额（元）	4.929	0.595	639	3.22	5.51

(续表)

变量代码	变量定义	均值	标准差	观测值	最小值	最大值
riceprr	水稻最低收购价水平是否合理	1.812	0.861	639	1	5
qualp	改种后是否会对耕地质量产生影响	1.657	1.162	638	1	5
reaspr	合理的最低收购价水平（元）	1.798	0.267	639	1.3	2.0
dryirr	配套农田水利设施	0.330	0.470	639	0	1
inclev	收入在本村的水平	2.822	0.797	639	1	5
lnarea	耕地面积（亩）	4.292	1.244	639	0.88	7.39
dryln	旱地块数	1.671	2.016	639	0	8
watln	水田块数	1.839	1.756	639	0	8
drylsc	旱田自评分数（0~100）	68.180	17.250	639	40	100
watlsc	水田自评分数（0~100）	76.470	12.140	639	40	100
cooper	是否加入合作社	0.238	0.426	639	0	1
cha	周边人及亲戚是否"旱改水"	3.175	1.414	638	1	5
education	受教育程度	1.878	0.728	639	1	4
age	年龄（岁）	49.270	10.54	639	23	74
lnconsume	家庭消费水平（元）	10.480	0.663	639	8.52	11.58
workout	是否有外出务工经历	0.405	0.491	639	0	1
party	是否为党员	0.197	0.398	639	0	1

三、持续"旱改水"影响因素分析

由于大豆与玉米生产者补贴政策和最低收购价政策是国家

决定的，外生于农户的各项特征，因此模型不存在互为因果或自选择而造成的内生性问题。同时，利用面板数据，可以控制不随时间变化且无法观测的因素。估计带有非观测效应的面板数据模型两种常用方法是固定效应和随机效应。本研究对此进行了 Hausman 检验，检验结果在 1% 的水平上显著地拒绝了随机效应模型。因此，本部分主要采用固定效应模型和 OLS 模型进行估计。

1. 政策因素对农户继续"旱改水"行为的影响

如表 15 所示，旱田补贴、预期价格以及改种后对耕地质量的影响 3 个变量十分显著，其中最低收购价的预期价格水平在 1% 的水平上显著，变量系数为 1.376，这表明农户预期稻谷最低收购价格提高，就倾向于继续种植水稻。改种后对耕地质量的影响在 5% 的水平上对继续种植水稻产生负向影响，这说明农户对加强耕地质量保护建设和推动农业可持续发展的认识逐步提高，对耕地质量造成负面影响会降低农户继续实施"旱改水"的倾向。值得一提的是，农田水利设施条件改善对农户持续"旱改水"的激励作用并不明显，这也从侧面反映出农户关注种植收益的同时，对加强耕地保护与建设的需求逐步提高，盲目改种的行为得到一定遏制。

2. 资本禀赋对农户继续"旱改水"行为的影响

从经济资本看，收入水平在 1% 的显著水平上对农户继续"旱改水"有负向影响，农户耕地面积、水田面积在 1% 的统计

第八章 东北地区农户持续"旱改水"机理分析

表 15 农户持续"旱改水"原因和趋势分析

影响因素	变量名称	变量代码	OLS	probit	logit
政策因素	旱田补贴	lncs	0.054* (−1.75)	0.166* (−1.69)	0.291* (−1.72)
	最低收购是否合理	riceprr	−0.351 (−1.27)	−1.317 (−1.35)	−2.172 (−1.34)
	预期价格	reaspr	0.280*** (−3.67)	0.833*** (−3.55)	1.376*** (−3.49)
	改种后对耕地质量影响	qualp	−0.039** (−2.54)	−0.136*** (−2.75)	−0.218*** (−2.63)
	配套灌溉设施	dryirr	−0.05 (−1.16)	−0.171 (−1.24)	−0.287 (−1.25)
资本禀赋	收入水平	inclev	−0.076*** (−2.96)	−0.251*** (−3.05)	−0.409*** (−2.95)
	耕地面积	lnarea	−0.113*** (−5.39)	−0.374*** (−5.39)	−0.612*** (−5.17)
	旱地面积	dryln	0.018* (−1.82)	0.055* (−1.8)	0.093* (−1.78)
	水田面积	watln	−0.032*** (−2.66)	−0.096** (−2.52)	−0.153** (−2.42)
	旱田自评分	drylsc	0.005*** (−3.89)	0.016*** (−3.89)	0.027*** (−3.78)
	水田自评分	watlsc	−0.002 (−1.30)	−0.009 (−1.57)	−0.014 (−1.50)
	加入合作社	cooper	0.177*** (−3.91)	0.555*** (−3.84)	0.921*** (−3.8)
	周边人及亲戚是否"旱改水"	cha	0.037*** (−2.79)	0.141*** (−3.24)	0.223*** (−3.04)
	受教育程度	education	−0.005 (−0.20)	−0.009 (−0.10)	−0.013 (−0.09)

(续表)

影响因素	变量名称	变量代码	OLS	probit	logit
个人和家庭因素	外出务工经历	workout	-0.135*** (-3.53)	-0.429*** (-3.52)	-0.702*** (-3.39)
	是否党员	party	-0.133** (-2.49)	-0.434** (-2.53)	-0.717** (-2.46)
	年龄	age	-0.040*** (-2.95)	-0.120*** (-2.81)	-0.206*** (-2.89)
	家庭消费水平	lnconsume	0.025 (-0.39)	0.035 (-0.16)	0.048 (-0.14)
常数项		_cons	1.072 (-1.37)	2.37 (-0.93)	4.091 (-0.95)
		r^2	0.26		
		r^2_a	0.232		

水平上具有显著影响,且系数为负,而农户旱田面积、旱田自评分对继续"旱改水"具有显著的正向作用,表明家庭收入水平较低的农户更愿意继续改种水田,而家庭耕地面积越大、水田面积越大,农户继续进行"旱改水"的倾向越小,旱田面积大且质量好的农户有意向继续进行"旱改水"。这反映出,首先,种粮收益始终是决定农户种植行为的重要因素;其次,耕地作为粮食生产的根基,如果旱地条件较好、面积较大,农户愿意尝试种植收益更高的作物,以进一步提高收益水平。最后,结合调研的实际情况,农户对最低收购价政策的认识日趋理性,对预期收益有更为科学的判断,因此水田面积相对较大的农户继续改种的意愿不强,更倾向于提高粮食产能和质量,把现有的水田种好。

从社会资本看,加入合作社和周边亲朋好友改种水稻 2 个变量,都在 1% 的显著水平对农户继续改种水稻产生正向作用,这表明社会资本对农户"旱改水"意愿具有显著的正向影响。从长期的乡村治理看,邻里关系增进了农户之间的认同感,对农村公共事务的参与以及参加各类协会组织,让农户形成风险共担、利益共享的互惠机制,都促成成员之间采取共同的行为。具体来说,就社会网络关系而言,与农户联系密切的村民和亲朋邻里改种水田的越多,越有利于信息溢出和相关知识传播,从而提高户主对水稻收益的信心,并在一定程度上降低不确定预期,农户继续"旱改水"意愿就越强。就社会参与而言,参加合作社的农户可以与其他社员形成风险共担和资源共享的机制,进行"旱改水"的积极性较高。从文化资本看,"受教育程度"对农户持续"旱改水"的影响依然不显著。

3. 个人和家庭因素对农户继续"旱改水"行为的影响

个人和家庭因素也显著影响农户"旱改水"。如图 3 所示,农户年龄对继续"旱改水"的倾向具有显著的负向影响,说明年龄越大,农户继续"旱改水"的意愿越低。同样,外出务工经历对农户"旱改水"也有显著负向效应,曾经有外出务工经历的农户,获取收入的来源较多,对继续改种水稻意愿较低。我们还发现,作为党员的农户选择继续"旱改水"的概率也比较低,说明党员同志对国家粮食安全政策的理解较为全面准确,落实和推行政策更加有力,不会盲目改种。

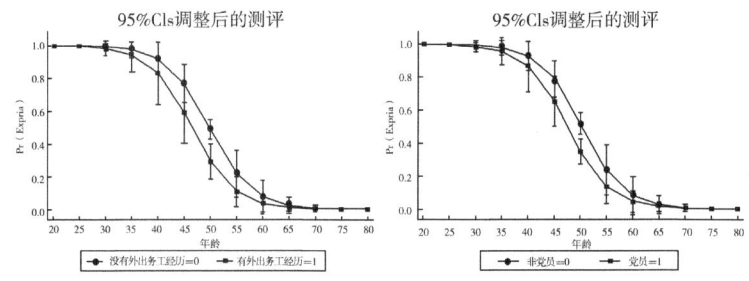

图 3 农户个体特征对"旱改水"的影响

四、研究结论

基于上述分析,可以得到以下结论。

一是农户是否继续进行"旱改水"与农户对农业支持政策预期息息相关,对第二年最低收购价水平预期较为乐观的农户,其选择改种水田的意愿更强。而农户在关注种粮收益的同时,对耕地保护和建设的重视程度逐渐提高,如果认为改种后对耕地质量造成很大负面影响,那么农户选择改种意愿随之下降。

二是农户自身的资本禀赋仍然是决定了是否继续"旱改水"的重要因素。一方面,种粮收益和耕地资源是影响"旱改水"的关键因素,农户仍寄希望于通过改种水田提高收入水平。但随着农业生产支持政策调整,农户对最低收购价政策的认识更加理性,如果耕地面积和水田面积都比较大,那更倾向于提高耕作质量和产出水平,而不会选择继续扩种水稻。同时,如果旱田面积较大且质量较好，农户会尝试利用质量较好的耕地改种水稻，以获得更好的收益。这就要求我们要深入实施"藏粮于地、藏粮于技"战略，着眼于巩固提升农业生产能力的根本，突出抓好耕地这个要害。另一方面，农户拥有的社会资源对"旱改水"有重要的推动作用。加入合作社和邻里乡亲的社会网络关系在一定程度上促进了农户继续采取种植行为调整。这说明高质高效是农业现代化的根本要求，而乡村振兴、农业农村现代化两者目标一致、内涵相同，只有农业基础更加稳固，乡村振兴战略才能得到全面推进，农业农村现代化方能取得重要进展。

三是党员农户继续进行"旱改水"的意愿较小，这反映出国家粮食安全战略在地方落实离不开各级地方政府重农抓粮的责任，只有各级党委和政府落实好粮食安全政治责任，才能真正确保粮食播种面积、产量不减少。

四是东北地区农户继续"旱改水"的趋势将减弱。一方面，国家加快完善粮食生产支持政策。最低收购价主要用于保成本，价格调整更趋平稳，农户对最低收购价将发生大幅上涨的预期基本打消，对水稻收益的预期更加科学合理。同时更加注重稳定和加强农民补贴，大幅提高东北地区大豆生产者补贴，玉米生产补贴更加精准且更具指向性，农业生产支持政策的导向和支持力度更强，促使东北地区农户能够更好地落实国家方针政策。另一方面，国家不断加强耕地建设和质量提升。通过连片建设高标准农田，推进小块并大块、田间沟渠道路调整，提升了耕地质量和水平。通过实施最严格的耕地保护制度，加强耕地用途管制，坚决遏制耕地"非农户"，防止永久基本农田特别是高标准农田"非粮化"，统筹利用撂荒地，有利于推动优质耕地优先用于粮食生产。因此，农户对耕地保护意识更强，提高耕地质量的需求十分迫切，前几年盲目毁田改水的行为得到有效的遏制。此外，东北地区加快实施水利设施提升工程，强化排涝设施建设，有序新建一批节水型和生态型灌区，补上了水利设施短板，使得种植旱田的农户逐步改变了"靠天吃饭"的传统，有利于提高旱田的耕作条件并提升大豆和玉米产量。

第九章 主要结论和政策建议

保障粮食等重要农产品有效供给是保持经济发展、社会稳定和国家安全的重要基础。尤其是东北地区，作为粮食安全的"压舱石"，对实施国家粮食安全战略和巩固提升粮食综合生产能力十分重要。近几年，国家不断调整优化粮食生产政策，提高了种粮农民的生产积极性、稳定了粮食产量，但由于不同支持政策造成比价关系变化，东北地区几种重要农产品供给不平衡现象较为明显，表现为粳稻库存高企，优质粳稻占比不高，玉米供求偏紧，大豆产需缺口较大等。特别是 2015 年以来，东北地区农户自发将旱田改种水田的现象愈演愈烈，更加剧了粮食供给矛盾，对资源环境造成不小的破坏，从长远看不利于促进粮食生产稳定发展以及保障国家粮食安全。因此，厘清东北地区"旱改水"结构调整形成原因和作用机理，测度对重要农产品有效供给产生的影响，研判未来继续"旱改水"的趋势，对保障国家粮食安全意义重大。首先，从宏观视角，本研究分析了我国粮食安全形势和面临的风险挑战，梳理了国内外主要农业支持政策的发展演变历程，总结了我国农业生产面临的挑战以及农业支持政策存在的问题。其次，基于东北地区"旱改水"的行为特点，结合实地调研，对其影响因素进行分析，论证了东北地区农户"旱改水"形成原因,深化形成机制的认识,并且从种粮收益、播种面积等维度实证了"旱改水"可能对粮食安全产生的影响。最后,基于"旱改水"的形成机理研判了东北地区继续发生大规模"旱改水"的可能性。本章将对全书的研究进行归纳总结,并据此提出完善农业支持政策的相关建议和思路,以供现实决策参考。

一、主要结论

1. 从东北地区"旱改水"的驱动因素和作用机理看

主要受政策因素和农户自身资本禀赋因素双重作用。政策因素的影响表现为,一是玉米大豆生产者补贴对农户改种水稻有显著负效应,玉米生产者补贴减少,降低了农户种植旱田的收益,而大豆补贴标准不足以让农户获得预期收益,推动农户改种水稻;二是农田水利设施改善和技术培训降低了农户改种的成本,进一步促使农户改种行为发生。资本禀赋的影响表现为,种粮收益是决定农户是否改种水田的主要因素,同时以农业收入为主要收入来源的家庭对改种水稻的意愿更强。加入合作社更加有利于发挥要素规模优势,节省了生产成本,推动了农户"旱改水"行为的发生,相比之下,曾担任村干部的农户由于对各政策信息获取的权威性和及时性更高,并且要发挥示范带头作用,改种水稻的概率较低。此外,家庭劳动力人数对"旱改水"有显著正影响,家庭劳动力人数多的家庭改种行为发生可能性大。

2. 从"旱改水"的影响看

基于 DID 模型实证分析了大豆生产者补贴政策的影响，可以得到两个结论。一是受大豆与玉米生产者补贴政策影响，农户"旱改水"后种粮收益显著增加。这反映出农户持续不断改种水田，水田收益较高是极大的推动因素。在推动调整种植结构时，特别要注意调整不同作物比价关系，关键是要让农民种粮有钱赚。二是"旱改水"对资源环境有不利影响。虽然种植水田增加了收益，但亩均用肥量明显增加，对耕地资源有负面影响。农户对耕地资源保护的意识逐渐增强，使得耕地质量成为农户种植结构调整的一个关键影响因素。耕地质量是粮食生产的根基，耕地质量提升，粮食产量提高，在价格水平稳定的前提下，农户的收益增加。要突出抓好耕地这个命根子，加强中低产田改造，推动水利和灌溉设施配套，巩固提升农业生产能力的根本，让农户种植旱田同样有收益，遏制盲目改种的趋势。

3. 从东北地区农户持续"旱改水"的作用机理看

影响农户继续改种水稻的因素可以分为政策因素和资本禀赋因素。政策因素的影响表现为，农户预期稻谷最低收购价格提高，就倾向于继续种植水稻，但农户意识到改种后对耕地质量有较大影响会对继续种植水稻产生负向影响。资本禀赋因素的影响表现为，农户收入水平越低其继续"旱改水"意愿越大，说明种植收益仍是推动继续"旱改水"的重要决定因素。反观农户拥有的耕地资源对继续改种的影响，耕地面积和水田面积越大其继续改种水田意愿越低，说明农户对最低收购价的水平持有谨慎态度，继续扩大种植的意愿不大。而农户旱田面积越大、质量越好则会尝试继续改种水田。同时，加入合作社以及周边亲朋好友改种水稻都对农户选择继续改种具有显著正向作用。此外，农户年龄越大继续"旱改水"的意愿越低，曾经有外出务工经历的农户对继续改种水稻意愿较低，作为党员的农户选择继续"旱改水"的概率也比较低。最后，对东北地区持续"旱改水"趋势做出判断，随着国家不断完善粮食生产支持政策，政策导向性更强，精准性更好，同时不断加强耕地建设和质量提升，加快补齐农田水利短板，农户种植旱田的条件更好，产量更高，东北地区农户继续"旱改水"的趋势将减弱。

二、完善农业支持政策的总体思考

深入实施国家粮食安全战略，以巩固提升国内粮食产能为根本，以科技创新为支撑，以完善市场调控为手段，促进国内粮食等重要农产品生产稳定发展。保障口粮绝对安全，稻谷与小麦播种面积保持稳定，生产能力巩固提升，自给率保持在100%以上。保障饲料粮供给稳定，玉米达到正常年份供应量的90%以上，食用和饲用需求得到保障。提升短缺品种自给率，大豆及其替代品生产大幅增加，使用需求完全满足，豆粕消费保障水平提高。针对上述保障目标结合实证结论，并借鉴粮食主产国农业生产支持政策的演进改革趋势提出完善我国农业支持政策的思路。

1. 价格支持稳定预期

首先，明确最低收购价保障农民收益、稳定预期的目标。最低收购价目的是稳定种粮农民的预期，从理论上讲，只要农民收益不受损失，市场价格波动再大，也不会动摇农民的生产决策。短期内要根据市场形势，适当提高稻谷、小麦最低收购价水平，意在进一步传递"重农抓粮"信号，强调稳产保供，以及中国人的饭碗牢牢掌握在自己手中的重要性，达到稳定种粮收益预期的目标。

其次，回归兜底线的政策定位。最低收购价的政策定位是发挥其兜底功能，靠它实现农民增收的目标并不现实。最低支持价格水平必定高于粮食生产全成本，必须要保住粮食生产的完全成本，通过中长期的调整逐步稳定价格水平，并完善收储启动机制，确保最低收购价回归兜底线的政策定位。

最后，要辅之其他配套政策。农民增收并不是最低收购价调控的目的，农民收益的保障是多方面的，还要配套采取一些辅助政策措施，如种粮补贴、完全成本保险和种植收入保险等，而基础设施建设方面，如高标准农田建设能够提高粮食产量、抗风险能力以及水肥效率，也是提高农民收益的重要保障措施。

2. 收入补贴保住成本

首先，坚持市场化导向。生产者补贴建立的目的就是建立完善市场形成价格机制，发挥市场在价格形成中的决定性作用。同时，将粮食补贴政策由间接补贴转向直接补贴，市场决定价格，政府弥补价格下跌造成的损失，实现价补分离。坚持市场调节为主的基本方向，始终是完善补贴政策不变的根本。

其次，适当增加补贴标准，研究建立动态补贴机制。大豆与玉米生产者补贴、水稻补贴等种粮补贴的目标是保障农民种粮收益、提高种粮积极性，实现保障粮食安全的目标。要根据生产成本上涨情况，适时调整生产者补贴的标准，针对当前农业生产资料价格上涨过快的趋势，研究建立动态补贴机制，确保农民种粮收益不减，扩大生产者补贴的总体规模。

再次，提高补贴精准性。生产者补贴提高了农民种粮积极性，最终实现引导目标作物种植的目的，提高补贴精准性尤为重要。从不同的品种补贴水平看，大豆生产者补贴的目标是扩大大豆种植面积，在确定补贴标准时，要统筹考虑竞争作物的补贴政策，在补贴标准上注意与玉米补贴做出明显的区分。玉米补贴目标是提高优势区的生产能力，确保主产区面积不减少，要对不同区域、地理地貌等差异化处理，在补贴标准上不能"一刀切"，而是分类别确定不同补贴水平。

最后，实现与农业农村现代化战略协同发展。粮食生产者补贴政策要体现与耕地地力保护、应用种植技术、农业生产机械化、规模经营、社会化服务挂钩，引导农民保护耕种环境、合理利用资源并提高生产效率，推进粮食生产规模化、集约化、现代化。

3. 保险扩面降低风险

树立综合风险管理理念，从打造安全网的视角构建全方位的农业生产支持政策体系，加快完善农业保险政策。

首先，着力提高保险覆盖面。逐步实现稻谷、小麦、玉米三大主粮完全成本保险和种植收入保险产粮大县全覆盖，并研究将大豆纳入保险范围内，在年内实现三大主粮完成成本保险和种植收入保险覆盖主产区800多个产粮大县。

其次，推动保险产品创新。针对农业农村新产业、新业态发展过程中面临的新风险和新需求，开发保障产业链畅通和产业融合发展的特色化农业保险产品，诸如农产品储运保险、土地流转保险、电子商务保险和乡村旅游保险等。

再次，加大"农业保险+"服务供给力度。推动农业保险与担保、信贷、期货等金融工具的深度融合，提升保险金融促进一二三产融合发展的综合效能。

最后，构建农业保险多元化和动态性补贴机制。优化保险补贴结构，综合运用保费补贴、管理费补贴、再保险补贴等多元化财政补贴手段，拓展农业保险补贴的政策空间。提高保险补贴弹性，将财政补贴与农业保险绩效考核结果挂钩，在固定比例补贴的基础上增加奖惩制度，发挥财政补贴政策的引导作用。

三、确保国家粮食安全的重点措施

1. 建立粮食安全党政同责制度

从实证分析结果可以看出,作为党员的农户不会盲目进行"旱改水",他们对落实国家粮食安全战略的执行力更好。为此,要细化粮食安全党政同责具体规定,明确地方党委、政府在承担粮食安全责任方面的具体要求。完善粮食安全省长责任制,加强对粮食播种面积、产量等考核,加大高标准农田在考核中的比重,将大豆和油料生产纳入考核内容,省市县层层压实责任,共同扛起粮食安全的政治责任。

2. 强化粮食等重要农产品生产扶持

实证分析结果表明,种粮收益是农户改种最重要的影响因素,要稳定发展粮食生产,关键就是要让农民种粮有钱赚、多得利,让地方抓粮有义务、有责任。要按照政策保本、经营增效的思路,研究建立农民种粮收益保障机制,特别是要加强政策间的联动配合,调动地方政府重农抓粮和农民务农种粮积极性。加快构建补贴、信贷、保险"三位一体"扶持政策体系,调动农民生产积极性。

强化价格引导,稳定提高稻谷小麦最低收购价,要确保能保住粮食生产完全成本。

优化补贴政策,稳定玉米与大豆生产者补贴、稻谷最低收购价补贴，坚持和强化耕地地力保护补贴，探索补贴发放与耕地保护责任相挂钩的机制。

创新金融服务，实证结果表明，加入农民合作社对农户生产决策影响显著，要构建新型经营主体信贷直通车长效机制，建立粮食贷款绿色通道，鼓励金融机构提供免担保免抵押、随用随贷随还的信贷服务。加大保险支持，尽快实现三大粮食作物完全成本保险和种植收入保险全覆盖。

3. 加强耕地保护和建设

耕地是粮食生产的命根子。从实证结果看，农户对耕地资源的重视程度越来越高，好的耕地资源不仅能提高农户种植大豆和玉米的积极性，还有利于提高产量，增加收益。

要突出抓好保数量。落实最严格的耕地保护制度，精准建档立卡，把18亿亩耕地红线落实到具体地块和责任人，划实补足15.5亿亩永久基本农田，规范耕地占补平衡，加强新增耕地核实认定和监管。

要突出抓好提质量。加强高标准农田建设，提高建设标准和质量，率先在东北地区这样的粮食生产功能区建成"一季千斤、两季一吨"的高标准粮田。加强中低产田改造，分类改造盐碱地，推动农田水利和灌排设施贯通配套。加大东北地区黑土地保护工程实施力度，推进退化耕地治理、重点水域地下水保护与超采治理，提升耕地治理和地力水平。

4. 强化粮食生产科技支撑

实证结果来看，农户对大豆的预期收益满意度不高，选择改种水稻的原因，除了大豆补贴水平还不足以保障获得更好的收益，另一个重要原因就是大豆单产较低，即使补贴力度大，收益仍然抵不过玉米。为此要推进以种业为重点的科技创新，深入实施种业振兴行动，统筹推进种质资源保护、创新攻关、企业扶优、基地提升和市场净化五大行动。特别是加快育种创新，采取"揭榜挂帅"方式，尽快培育一批具有自主知识产权的突破性品种。加快生物育种产业化步伐，扩大大豆、玉米应用试点范围。

5. 大力推进服务社会化

实证分析结果表明，加入合作社等社会化服务组织是影响农户生产行为的重要因素，推动服务社会化是解决种植规模偏小和生产效率偏低的重要途径。将小农户引入现代农业发展轨道，关键是创新农业经营机制。

要培育多元主体，支持农业专业服务公司、农民合作社、新型农业经营主体以及村集体经营组织等各类主体发挥各自功能，为小农户提供代耕代种、病虫害统防统治、肥料统配统施、产品统收统储等农业社会化服务，实现服务增效。

要创新服务方式，因地制宜发展单环节、多环节、全程托管等服务模式，大力推广"服务主体+农村集体经济组织+农户""服务主体+各类新型经营主体+农户"等组织形式，打造利益共享、风险共担的利益共同体。

6. 提升农业机械化水平

从实证结果看，家庭人口数量对种植结构调整有显著影响，这从侧面反映出我国农业机械化水平还不高，农业生产受到农民体力水平的制约，特别针对播种、收获等重要生产环节和丘陵山区等特殊地形的农机具短板明显。

推进机具创制，实施重要机械装备补短板专项计划，加快大型大功率高端智能农机装备和丘陵山区适用小型机械创制应用，加快研发制造产业急需、民用急用的短板机具。

加快机具推广应用，打造"一大一小"农机装备推广应用先导区和短板机具研产推用一体化应用基地，为短板机具加快推广应用提供政策支持，组织分区域开展农机装备示范推广活动，打通产业化"最后一公里"。

参考文献

布尔迪厄，华康德，2004. 实践与反思［M］. 李猛，李康，译. 北京：中央编译出版社.

曹慧，张玉梅，孙昊，2017. 粮食最低收购价政策改革思路与影响分析［J］. 中国农村经济（11）：33-40.

陈浮，李肖肖，马静，等，2021. 旱改水型农田整治对土壤碳排放的短期影响［J］. 生态学报，41（19）：7725-7734.

陈锡文，2016. 农业供给侧结构性改革的几个重大问题［J］. 农业工程技术，36（15）：38-42.

成升魁，汪寿阳，刘旭，等，2018. 新时期我国国民营养与粮食安全［J］. 科学通报，63（18）：1764-1774.

程国强，2011. 中国农业补贴：制度设计与政策选择［M］. 北京：中国发展出版社.

程郁，2017. 借鉴国际经验改革中国农业支持政策［J］. 学习与探索（3）：113-118.

程郁，叶兴庆，2017. 借鉴国际经验改革中国农业支持政策［J］. 学习与探索（3）：113-119，176.

崔海霞，宗义湘，赵帮宏，2018. 欧盟农业绿色发展支持政策体系演进分析［J］. 农业经济问题（5）：130-136.

参考文献

杜春梅,董锡,吴玉德,等,2018.长期旱改水对黑土微生物类群及酶活性的影响 [J]. 北方园艺 (4): 127-132.

范语思,李月芬,张玉树,等,2020.林西部县域"旱改水"时空演变特征及驱动机制分析 [J]. 世界地质 (2): 444-451.

盖豪,颜廷武,张俊飚,2020.感知价值、政府规制与农户秸秆机械化持续还田行为——基于冀、皖、鄂三省 1 288 份农户调查数据的实证分析 [J]. 中国农村经济 (8): 106-130.

高鸣,习银生,2018.东北地区粮食政策联动机制构建 [J]. 华南农业大学学报 (社会科学版) (4): 20-30.

宫留记,2008.布迪厄的社会实践理论 [J]. 理论探讨 (6): 145-148.

顾莉丽,郭庆海,2017.玉米收储政策改革及其效应分析 [J]. 农业经济问题,38 (7): 72-79.

顾莉丽,郭庆海,高璐,2018.我国玉米收储制度改革的效应及优化研究——对吉林省的个案调查 [J]. 经济纵横 (4): 106-112.

贺超飞,于冷,2018.临时收储政策改为目标价格制度促进大豆扩种了么?——基于双重差分方法的分析 [J]. 中国农村经济 (9): 29-46.

黄季焜,王丹,胡继亮,2015.对实施农产品目标价格政策的思考——基于新疆棉花目标价格改革试点的分析 [J]. 中国农村经济 (5): 10-16.

黄季焜,王晓兵,智华勇,等,2011.粮食直补和农资综合补贴对农业生产的影响 [J]. 农业技术经济（1）：4-12.

黄宗智，1986. 略论华北近数百年的小农经济与社会变迁——兼及社会经济史研究方法 [J]. 中国社会经济史研究（2）：9-15.

姜晶，2021. 高标准农田建设旱改水项目的技术设计——以辽宁省大连市普兰店区项目为例 [J]. 中国农业综合开发（3）：57-58.

阚国坤，惠富平，2010. 苏北地区农业旱改水对当地生态环境影响的研究 [J]. 生态经济（8）：147-151，171.

李朝柱，章红霞，丁志超，等，2019. 最低收购价格下降对农户稻谷种植面积的影响——基于小农户和规模户比较的视角 [J]. 中国农业大学学报，24（12）：168-176.

李陈，靳相木，2016. 基于质量提升的规划期内县域耕地产能占补平衡潜力评价 [J]. 自然资源学报（2）：265-274.

李登旺，宋晨超，2021. 欧美农业支持政策转型的经验与启示 [J]. 中国发展观察（12）：56-59，28.

李国祥，2017. 深化我国粮食政策性收储制度改革的思考 [J]. 中州学刊（7）：31-40.

李江一，2016. 农业补贴政策效应评估：激励效应与财富效应 [J]. 中国农村经济（12）：17-32.

李晓平，谢先雄，赵敏，2018. 资本禀赋对农户耕地面源污染治理受偿意愿的影响分析 [J]. 中国人口·资源与环境（7）：93-101.

李晓平，谢先雄，赵敏娟，2018. 资本禀赋对农户耕地面源污染治理受偿意愿的影响分析［J］. 中国人口、资源与环境（9）：93-100.

李孝忠，李佳辰，张雯丽，等，2020. 积温约束、价格市场化与玉米种植户决策响应分析［J］. 中国农业资源与区划，41（6）：247-255.

梁志会，张露，张俊飚，2021. 土地整治与化肥减量——来自中国高标准基本农田建设政策的准自然实验证据［J］. 中国农村经济（4）：123-145.

梁志会，张露，张俊飚，2021. 土地整治与化肥减量——来自中国高标准基本农田建设政策的准自然实验证据［J］. 中国农村经济（4）：123-144.

廖成泉，胡银根，陈海素，等，2017. 耕地提质改造的痛点与改进路径研究［J］. 特区经济（4）：2.

廖进球，黄青青，2019. 价格支持政策与粮食可持续发展能力：基于玉米临时收储政策的自然实验［J］. 改革（4）：119-130.

刘可，齐振宏，黄炜虹，等，2019. 资本禀赋异质性对农户生态生产行为的影响研究——基于水平和结构的双重视角分析［J］. 中国人口·资源与环境（2）：78-89.

刘克春，2010. 粮食生产补贴政策对农户粮食种植决策行为的影响与作用机理分析——以江西省为例［J］. 中国农村经济（2）：12-21.

刘莹，黄季焜，2010. 农户多目标种植决策模型与目标权重的估计［J］. 经济研究（1）：148-157.

陆璐, 2019. 沈阳市耕地提质改造工作存在的问题及对策 [J]. 中国国土资源经济 (10): 66-70.

吕新业, 胡向东, 2017. 农业补贴、非农就业与粮食生产——基于黑龙江、吉林、河南和山东四省的调研数据 [J]. 农业经济问题 (9): 85-91.

吕新业, 冀县卿, 2013. 关于中国粮食安全问题的再思考 [J]. 农业经济问题, 34 (9): 15-24.

吕佐腾, 2017. 浅谈广东省耕地提质改造工作中存在的问题及对策 [J]. 城市地理 (8): 37.

马红坤, 毛世平, 2019. 从防御到进攻: 日本农业支持政策转型对中国未来选择的启示 [J]. 中国软科学 (9): 18-25.

彭长生, 王全忠, 李光泗, 等, 2019. 稻谷最低收购价调整预期对农户生产行为的影响——基于修正的 Nerlove 模型的实证研究 [J]. 中国农村经济 (7): 57-66.

普蕙喆, 郑风田, 2020. 中国粮食支持政策该向何处去?——来自商品储备模型量化政策评估的证据 [J]. 中国人口·资源与环境, 30 (3): 115-125.

丘水林, 靳乐山, 2022. 资本禀赋对生态保护红线区农户人为活动限制受偿意愿的影响 [J]. 中国人口·资源与环境, 32 (1): 146-154.

仇童伟, 罗必良, 2018. 种植结构"趋粮化"的动因何在?——基于农地产权与要素配置的作用机理及实证研究 [J]. 中国农村经济 (2): 65-80.

仇童伟, 罗必良, 2018. 种植结构"趋粮化"的动因何在？——基于农地产权与要素配置的作用机理及实证研究 [J]. 中国农村经济 (2)：66-76.

全世文，胡历芳，曾寅初，等，2018. 论中国农村土地的过度资本化 [J]. 中国农村经济 (7)：2-18.

任永星，李晓燕，王宗明，等，2019. 吉林省西部耕地变化与"旱改水"时空特征研究数据集（1990—2015）[J]. 全球变化数据学报 (6)：183-190.

阮荣平，刘爽，刘力，等，2021. 玉米收储制度改革对家庭农场经营决策的影响——基于全国1 942家家庭农场两期跟踪调查数据 [J]. 中国农村观察 (4)：109-128.

阮荣平，刘爽，郑风田，2020. 新一轮收储制度改革导致玉米减产了吗？基于DID模型的分析 [J]. 中国农村经济 (1)：86-98.

孙超，潘瑜春，刘玉，等，2018. 县域"旱改水"项目遴选布局方法与实证研究 [J]. 农业机械学报 (1)：205-209.

孙敬义，费仁伟，曹巍，2017. 农业综合开发支持三江平原利用地表水发展水稻问题研究 [J]. 奋斗 (11)：30-34.

孙姝艺，刘洛，胡月明，2019. 基于空间数据挖掘的广东省"旱改水"优先区选择 [J]. 江苏农业科学，47 (4)：216-222.

谭砚文，马国群，岳瑞雪，2019. 国外农产品最低支持价格政策演进及其对中国的启示 [J]. 农业经济问题 (7)：124-130.

田聪颖，肖海峰，2018. 目标价格补贴与生产者补贴的比较：对我国大豆直补方式选择的思考［J］. 农业经济问题（12）：107-117.

万平，2015. 农用地"旱改水"整治工程技术综述［J］. 安徽农业科学，43（20）：186-187，191.

王长海，2014. "旱改水"工作的思考：以龙江县推进"旱改水"工作为例［J］. 农民致富之友（4）：29.

王文涛，张秋龙，聂挺，2015. 大豆目标价格补贴试点政策评价及完善措施［J］. 价格理论与实践（7）：28-30.

王文亭，卫龙宝，王倩倩，2018. 大豆市场政策干预对大豆国际价格的影响［J］. 中国农村经济（9）：47-61.

王新刚，司伟，2021. 大豆补贴政策改革实现大豆扩种了吗？——基于大豆主产区124个地级市的实证［J］. 中国农村观察（12）：44-60.

王洋，许佳彬，2019. 农户禀赋对农业技术服务需求的影响［J］. 改革（5）：114-126.

王耀鹏，2015. 大豆目标价格初探［J］. 宏观经济管理（5）：44-46.

王玉斌，王鹏程，2020. 农民合作社在社会化服务体系中的主体作用：现实困境与提升路径［J］. 中国农民合作社（1）：25-26.

魏后凯，2017. 中国农业发展的结构性矛盾及其政策转型［J］. 中国农村经济（5）：2-17.

吴连翠，柳同音，2012. 粮食补贴政策与农户非农就业行为研究［J］. 中国人口·资源与环境，22（2）：100-106.

参考文献

吴银毫,等,2017. 我国农业支持政策的环境效应研究:理论与实证 [J]. 现代经济探讨 (9):101-107.

西奥多·W. 舒尔茨,2010. 改造传统农业 [M]. 北京:商务印书馆.

徐田华,2018. 农产品价格形成机制改革的难点与对策 [J]. 农业经济问题 (7):70-80.

徐晓莉,2019. 美国"黄箱"补贴政策应对WTO规则的经验及其启示 [J]. 对外经贸实务 (6):3-9.

许庆,陆钰凤,张恒春,2020. 农业支持保护补贴促进规模农户种粮了吗?——基于全国农村固定观察点调查数据的分析 [J]. 中国农村经济 (4):15-20.

杨晨,孙锦杨,杨浩,2022. 资本禀赋、价值认知与农牧户融入现代农业生产体系行为——基于川西高原938户农牧户的调查 [J]. 农村经济 (1):127-135.

杨柳,朱玉春,任洋,2018. 社会资本、组织支持对农户参与小农水管护绩效的影响 [J]. 中国人口、资源与环境 (1):148-155.

余敦,袁胜国,2018. 江西省"旱地改造为水田"的技术探讨 [J]. 江苏农业科学 (11):268-272.

余敦,袁胜国,2018. 江西省"旱地改造为水田"的技术探讨 [J]. 江苏农业科学,46 (11):268-271.

俞振宁,谭永忠,练欵,等,2019. 基于农户认知视角的重金属污染耕地治理式休耕制度可信度研究 [J]. 中国农村经济 (3):96-110.

俞振宁, 2018. 重金属污染耕地治理式休耕补偿政策: 农户选择实验及影响因素分析 [J]. 中国农村观察 (2): 109-125.

曾福生, 2017. 新常态下中国粮食供求平衡新思路 [J]. 农业现代化研究, 38 (4): 553-560.

曾福生, 戴鹏, 2012. 农户种粮选择行为影响因素分析 [J]. 技术经济 (2): 80-86.

张崇尚, 陈菲菲, 李登旺, 等, 2017. 我国农产品价格支持政策改革的效果与建议 [J]. 经济社会体制比较 (1): 71-79.

张翠娥, 李跃梅, 李欢, 2016. 资本禀赋与农民社会治理参与行为——基于 5 省 1 599 户农户数据的实证分析 [J]. 中国农村观察 (1): 27-37.

张晶, 2018. 新常态下完善农业支持政策的总体思考——以美国农业政策新动向为借鉴 [J]. 世界农业 (6): 63-70.

张明, 杨颖, 邹小容, 2021. 新时期中国粮食补贴政策的战略协同与差异设计 [J]. 农业经济问题 (3): 53-62.

张峭, 王克, 2021. 农业生产风险评估及农业保险费率厘定的不确定性: 研究进展和破解之道 [J]. 中国农业科学, 54 (22): 2-18.

张天佐, 郭永田, 杨洁梅, 2018. 基于价格支持和补贴导向的农业支持保护制度改革回顾与展望 [J]. 农业经济问题 (11): 4-11.

张童朝, 颜廷武, 何可, 等, 2017. 资本禀赋对农户绿色生产投资意愿的影响——以秸秆还田为例［J］．中国人口·资源与环境（8）：78-89．

张伟建，2016．谨防变味"旱改水"毁了耕地［N］．中国国土资源报，2016-10-19（007）．

张五常，2015．经济解释［M］．北京：中信出版社．

赵宏玉，2019．旱田改水田注意事项及其水稻重要环节栽培管理技术［J］．现代农业科技（2）：9，14．

郑风田，2015．我国粮食价格政策改革取向辨析——我国主粮价格前景展望［J］．价格理论与实践（1）：15-17．

钟甫宁，胡雪梅，2008．中国棉花生产区域格局及影响因素研究［J］．农业技术经济（1）：4-9．

周璟茹，2019．旱改水背景下海伦市耕地生态系统服务评估与权衡研究［D］．北京：中国地质大学．

周静，方福生，2019．农业支持保护补贴的政策认知及其对满意度的影响研究——基于湖南省419个稻作大户的调查［J］．农村经济（4）：82-88．

周杨，邵喜武，2021．价格支持政策对大豆全要素生产率的影响机制分析［J］．华中农业大学学报：社会科学版（2）：101-110．

周应恒，2009．近期中国主要农业国内支持政策评估［J］．农业经济问题，30（5）：4-11，110．

朱满德，程国强，2011．中国农业政策：支持水平、补贴效应与结构特征［J］．管理世界（7）：52-60．

朱庆莹，陈银蓉，胡伟艳，等，2019．社会资本、耕地价值认知与农户耕地保护支付意愿——基于一个有调节的中介效应模型的实证 [J]. 中国人口、资源与环境 (11): 122-130.

BOURDIEU P, 1986. The forms of capital [M]. Oxford: Black well Publishers Ltd.

CHAMBERS R, CONWAY G, 1992. Sustainable rural livelihoods: practical concepts for the 21st century [M]. Brighton: Institute of Development Studies (UK).

HO P, 2014. The "Credibility thesis" and its application to property rights: (in) secure land tenure, conflict and social welfare in China [J]. Land Use Policy, 40: 13-27.

HO P, 2016. An endogenous theory of property rights: opening the black box of institutions [J]. Journal of Peasant Studies, 43 (6): 1121-1144.

KURKALOVA L A, SECCHI S, GASSMAN P W, 2010. Corn stover harvesting: potential supply and water quality implications [M] //Handbook of bioenergy economics and policy. New York: Springer. 307-323.